LES PIÈCES DE MOLIÈRE

L'ÉCOLE DES FEMMES

TIRAGE A PETIT NOMBRE

Il a été tiré en outre :

20 exemplaires sur papier du Japon, avec triple épreuve de la gravure (n°s 1 à 20).
25 exemplaires sur papier de Chine fort, avec double épreuve de la gravure (n°s 21 à 45).
25 exemplaires sur papier Whatman, avec double épreuve de la gravure (n°s 46 à 70).

---
70 exemplaires, numérotés.

L'ÉCOLE DES FEMMES
(Acte V, Scène IV)

MOLIÈRE

L'ÉCOLE DES FEMMES

COMÉDIE EN CINQ ACTES

AVEC UNE NOTICE ET DES NOTES

PAR

AUGUSTE VITU

Dessin de L. Leloir

GRAVÉ A L'EAU-FORTE PAR CHAMPOLLION

PARIS

LIBRAIRIE DES BIBLIOPHILES

Rue de Lille, 7

M DCCC XC

NOTICE

SUR

L'ÉCOLE DES FEMMES

———

Ah! l'heureux chef-d'œuvre, et qu'il est éternellement jeune, malgré ses deux cent vingt-huit années de gloire et de succès! Quelle fête pour l'oreille que ces vers tout empreints de passion et d'esprit, de génie et de grâce! Partout ailleurs, dans L'Avare ou Tartuffe, dans Don Juan ou le Misantrope, vous rencontrerez l'auteur comique plus puissant ou plus profond. Mais c'est dans L'École des Femmes que se manifeste purement et complètement le poète Molière. C'est une comédie, à coup sûr, mais aussi un poème, un chant de jeunesse et d'amour. Les sentiments vrais et primitifs de la nature humaine y sont touchés avec une délicatesse si harmonieuse et si vibrante qu'ils arrivent à confondre dans l'âme de l'auditeur les effets que le théâtre ordinaire ne produit que séparément ou successivement. Certains passages attendris excitent un doux sourire, et des tirades comiques amènent une larme au coin de la paupière. C'est à la fois le triomphe et l'extrême limite de l'art.

Molière avait bien près de quarante et un ans lorsqu'il donna L'ÉCOLE DES FEMMES, l'année même de son mariage avec Armande Béjart. Cette simple remarque détruit la chimère des critiques qui ont prétendu découvrir les faiblesses du mari jaloux sous les transports d'Arnolphe, comme ils l'avaient prématurément deviné dans les emportements de Don Garcie, alors que Molière était encore célibataire. C'est en pleine lune de miel que Molière conçut et exécuta le caractère d'Agnès.

Cependant, Arnolphe élevant une jeune fille pour sa couche fait songer aux soins qu'on dit (sans en rien savoir) que Molière lui-même aurait pris pour la jeune Armande Béjart. Mais Molière épousa sans obstacle la femme de son choix, tandis qu'Arnolphe voit ses projets renversés par la seule apparition du jeune Horace.

Je m'imagine que Molière, au moment même d'accomplir l'union qu'il avait préparée, eut l'esprit traversé par une idée de théâtre. « J'ai quarante ans, pensa-t-il, vingt ans de plus qu'Armande ; les choses ont bien tourné, puisqu'elle m'aime ou paraît m'aimer ; mais prenons l'aventure au rebours : supposons que ma sollicitude ait été déjouée, et que, prêt à jouir du bonheur longuement caressé, je m'en visse frustré pour l'amour d'un godelureau qui n'aurait pris d'autre peine que de montrer le bout de sa moustache blonde. Quelle forte situation ! quel beau sujet de comédie ! » Et voilà comment Molière, marié le 20 février 1662, aurait fait jouer son Arnolphe et son Agnès le 26 décembre suivant. C'est lui et ce n'est pas lui, c'est elle et ce n'est pas elle. La réalité, vue par réflexion dans le cerveau du poète comique, s'y est transformée, et ce magique miroir nous la renvoie parée de charmes immortels.

D'ailleurs, nul rapport d'âge ni de caractère entre l'innocente et ignorante Agnès, « la fillette aux attraits naissants », et la brillante et spirituelle Armande-Claire-Grésinde-Élisabeth Béjart, en qui l'on reconnaît le onzième et dernier enfant né de Joseph Béjart et de Marie Hervé, désigné comme « une petite non baptisée » dans un acte judiciaire du mois de mars 1643. Elle entrait donc au moins dans sa vingtième année lorsqu'elle signa son contrat de mariage avec Molière par-devant les notaires Pain et Ogier, le 23 janvier 1662, et qu'elle l'épousa à Saint-Germain-l'Auxerrois, le lundi 20 février suivant. Sur la brillante éducation d'Armande, ses manières accomplies, les grâces de son esprit et de sa voix, les témoignages contemporains sont unanimes [1].

---

1. On pourrait être tenté d'y joindre les lignes suivantes,

*D'ailleurs, que sert de se livrer à des recherches
ou à des conjectures sur l'inspiration première de
l'École des Femmes, lorsqu'elle ressort si clairement*

---

extraites de la *Muse historique* de Loret (lettre du samedi
6 mai 1662), à propos d'un banquet suivi d'un concert qui
avait eu lieu chez le chancelier pour célébrer le mariage du
marquis de Rochefort avec Mlle de Laval :

*Je ne vis point icelle feste ;
Mais une fille fort honneste,
Aimable d'esprit et de corps,
Et qui contient plusieurs tresors
En sa belle et prime jeunesse,
De douceur, grâce et gentillesse,
Dont diverses gens sont ravis,
Envoya chez moi cet avis ;
Et je n'aurois rien sçu sans elle
De cette alliance nouvelle.*

Et une note marginale, en manchette, nous nomme cette
charmante personne si bien informée des fêtes mondaines :
c'est « mademoiselle de Molière ». Mais comme il s'agit ici
d'un concert j'incline à penser que cette « fille fort honneste » devait être non pas Mme Molière, mais Marie-Blanche
de Mollier, fille de Louis de Mollier, le musicien danseur,
laquelle épousa en 1664 le compositeur instrumentiste
Léonard Itier. Le nom de cette famille a été souvent écrit
Molière par les contemporains ; M. Campardon lui-même
s'y est trompé, lorsqu'en racontant l'assassinat du comédien
italien François Mansac, dit le Capitan (*Nouvelles pièces sur
Molière*, p. 55), le 19 mai 1662, il fait tomber la victime
devant la maison de Molière, rue Richelieu. Le Molière de
la rue Richelieu en 1662, c'était Louis de Molier, logé
dans la maison des Corneilles, peintres du roi, n° 36 d'aujourd'hui ; notre Molière ne vint habiter le n° 40, deux
portes plus haut, qu'au mois d'octobre 1672.

de son aînée, L'École des Maris? L'aventure d'Arnolphe et d'Agnès est une « répétition », comme on dit en peinture, du groupe formé d'abord par Sganarelle le tuteur et Isabelle sa pupille. Mais combien cette version n'est-elle pas supérieure à la première! Sganarelle était un barbon ridicule et dur, qui tenait encore aux fantoches de la comédie italienne ; tandis qu'Arnolphe est un homme moins haïssable que passionné, sérieusement amoureux d'Agnès, qui souffre dans son cœur et dans sa chair, et qu'on est tenté de plaindre lorsque sa douleur poignante éclate à travers son masque comique. La variante n'est pas moins accentuée entre Isabelle, fille alerte, délurée, qui sait ce qu'elle veut, ce qu'elle fait, à quoi elle s'expose, et Agnès dont l'âme naïve ne s'éclaire qu'au dernier moment sous les feux de l'amour. Cette transformation, à la fois psychologique et physiologique, donne au poème une intensité de vie et de couleur, une vérité permanente et absolue, qui le placent au rang des chefs-d'œuvre éternels. Elle est toute la pièce, et lui inspire son titre, injustement contesté par les critiques du temps[1]. Il est vrai que ces mots, L'École des Femmes, semblent annoncer le pendant ou la contre-partie de L'École des Maris, tandis que le mot École est employé sous deux acceptions,

---

1. *Nouvelles nouvelles* par de Villiers, III⁰ partie, p. 217 et suivantes. Paris, Gabriel Quinet, in-12, 1663.

à tout le moins sous deux nuances différentes. La plus ancienne des deux pièces fait la leçon aux maris, en leur enseignant l'estime et la confiance envers celles qui sont appelées à partager leurs destinées. Dans l'autre, au contraire, ce n'est ni la pièce ni l'auteur qui se chargent d'instruire les femmes : c'est l'amour, qui

> ... rend agile à tout l'âme la plus pesante,
> Et donne de l'esprit à la plus innocente.
> (Acte III, scène IV.)

Il n'est ni contesté ni contestable que Molière ait trouvé la première esquisse de son Agnès dans la nouvelle de Scarron intitulée LA PRÉCAUTION INUTILE, où l'on voit une jeune femme, nommée Laure, élevée par les soins de son mari dans une stupidité profonde, devenir par sa stupidité même la proie facile du premier galant qui sait en profiter; les révérences, les alarmes de la pauvre créature, désolée d'avoir tué un homme, tout y est, à cela près de la chaste candeur d'Agnès au lieu de l'adultère inconscient de Laure. On peut voir quelque analogie entre Arnolphe et LE MAITRE EN DROIT, de Boccace, traduit par La Fontaine, un goguenard qui se moque des maris trompés et donne des leçons dans l'art de séduire à l'un de ses écoliers, qui s'empresse d'en profiter auprès de la femme de son maître; enfin, la perpétuelle confidence de l'amant au futur mari, si justement admirée, se trouve d'original dans LES NUITS de *Straparole* (nuit IV*e*, fable IV). Mais quelle différence entre ces contes sans valeur intellectuelle et la pièce de Molière, entre ces crayons grossiers et cette toile de maître !

Ce n'est pas que la critique sérieuse et impartiale n'ait retenu quelques-uns des reproches adressés dès l'origine à L'ÉCOLE DES FEMMES, et ne les reconnaisse fondés. La rencontre réitérée d'Horace avec Arnolphe au même lieu est d'une invraisemblance tellement criante, que Molière est allé de lui-même au-devant de l'objection par ce vers resté proverbial :

La place m'est heureuse à vous y rencontrer.

De même on conçoit mal qu'Arnolphe fasse apporter des sièges en pleine rue pour y sermonner Agnès plus à l'aise. Mais cette scène est-elle plus surprenante ou plus choquante que les autres conventions, imposées aux auteurs du XVII*e* siècle par la pénurie décorative et la machinerie élémentaire des théâtres, si plaisamment signalées par le grand Corneille dans la préface du CID? De toutes ces conventions, la disconvenance de lieu est celle dont le spectateur fait le plus aisément bon marché, et, l'habitude aidant, on a cessé d'y être sensible.

Deux points d'une autre nature suscitèrent des clameurs dont l'écho n'est pas entièrement assoupi. Il est trop vrai que, dans l'interrogatoire d'Agnès, un certain le, qui ne scandalisa pas uniquement les prudes et les rigoristes, permit de diriger contre Molière une accusation d'obscénité intentionnelle, dont il ne s'est pas entièrement disculpé et qu'accentuèrent plus tard certains passages analogues de TARTUFFE et de LA COMTESSE D'ESCARBAGNAS. Bien légères taches après tout, dans la splendide immensité de son œuvre comique. On les lui pardonna moins encore que le risible sermon où l'innocente Agnès est menacée par Arnolphe de l'enfer et

>   ...des chaudières bouillantes
> Où l'on plonge à jamais les femmes malvivantes.

Cette première allusion aux dogmes religieux détermina contre les sentiments intimes de Molière une prévention qui alla grandissant encore après DON JUAN, jusqu'à la terrible explosion de TARTUFFE. Convenons toutefois que le sermon d'Arnolphe ne sortait pas des limites de la bonne plaisanterie.

Molière se sentit obligé de répondre aux censeurs, comme il l'explique dans sa préface de L'ÉCOLE DES FEMMES, et cette réponse, en forme de dissertation dialoguée, fut représentée sous le nom de LA CRITIQUE. C'est dans notre édition de cette petite pièce qu'on trouvera les éclaircissements nécessaires sur la polémique furieuse qu'elle déchaîna. Car, chose singulière, aucune des satires amères et injurieuses que lancèrent contre lui de Villiers avec ZÉLINDE et LA

NOTICE

Vengeance des Marquis, *Boursault avec* le Portrait du Peintre, *Montfleury avec* l'Impromptu de l'hotel de Condé, *ne fut inspirée directement par les représentations de* l'École des Femmes : *c'est* la Critique *qui fit éclore* Zélinde *et* le Portrait du Peintre, *tandis que* la Vengeance des Marquis *et* l'Impromptu de l'hotel de Condé *ont la prétention de répondre à* l'Impromptu de Versailles.

Revenons à l'École des Femmes.

On sait que les Facheux *avaient été représentés à Paris le 4 novembre 1661;* l'École des Femmes *y fut donnée pour la première fois le mardi 26 décembre 1662. Pendant cet intervalle de treize mois, le théâtre avait vécu sur son répertoire et n'avait plus joué que trois fois par semaine, les mardi, vendredi et dimanche; les autres jours (lundi, mercredi, jeudi et samedi) ayant été occupés par les Italiens à partir du mois de janvier, à la charge par eux de rembourser à la troupe de Molière deux mille livres pour montant des frais faits au Palais-Royal, en retour des mille cinq cents livres que les Italiens avaient fait payer à Molière, au mois d'octobre 1658, pour entrer à la salle du Petit-Bourbon.*

La troupe de Monsieur vécut toute l'année 1662 avec les Facheux, l'École des Maris, l'Héritier ridicule *de Scarron,* les Visionnaires *de Desmarests,* Venceslas *de Rotrou, et, comme pièces nouvelles,* Arsace *de M. de Prades, suivi de* Connaxare de M. Boyer. Dans le courant de l'été, la troupe avait été mandée au château de Saint-Germain-en-Laye, où elle joua treize fois entre le 24 juin et le 11 août, ce qui lui valut 14,000 livres. Elle avait recommencé à Pâques avec treize parts, y compris celle d'Armande Béjart, devenue mademoiselle Molière, et avait été augmentée de deux parts au mois de juin pour La Thorillière et Brécourt, venant du théâtre du Marais.

L'École des Femmes continua la vogue acquise au théâtre du Palais-Royal; elle débuta par une recette de 1,398 livres et fournit trente-trois représentations jusqu'à la clôture le 11 mars 1663, plus deux représentations devant le roi et sept visites; ensemble quarante-deux représentations consécutives en deux mois et demi.

La première édition de L'École des Femmes fut donnée par les libraires associés Guillaume de Luynes, Louis Billaine, Thomas Jolly, Estienne Loyson, Jean Guignard le fils, Charles de Sercy, Cl. Barbin, Quinet, etc., en vertu d'un privilège obtenu le 4 février 1663, achevé d'imprimer le 17 mars. Il manque à cette édition princeps en 93 pages, deux pages qui ont été rétablies par un carton paginé en double 73 et 74. On ne saurait douter que cette édition ne soit la première, puisqu'elle fut offerte en cet état à la reine Marie-Thérèse; l'exemplaire d'hommage relié à ses armes appartenait il y a quelques années à

M. le comte de Lignerolles. L'École des Femmes est accompagnée d'une vignette barbare mais curieuse, gravée par Fr. Chauveau, qui représente Arnolphe morigénant Agnès avec le livre des Maximes.

Voici la distribution originale des rôles, telle qu'elle est généralement acceptée :

Arnolphe.	Molière.
Horace.	La Grange.
Chrysalde	L'Espy.
Alain	Brécourt.
Un Notaire.	De Brie.
Agnès	Mlle De Brie.
Georgette	Madeleine Béjart.

Enrique et Oronte furent probablement créés par Béjart le jeune et du Croisy.

Molière a pris la peine d'expliquer comment il avait conçu, écrit et joué Arnolphe : c'est un homme d'esprit, habituellement sérieux, mais qui devient ridicule toutes les fois que sa passion l'emporte. On a prêté au grand tragédien Talma de singulières visées sur ce rôle : il aurait voulu, dit-on, jouer Arnolphe et faire pleurer dans sa grande scène d'amour; alors que Molière voulait qu'Arnolphe, à cet endroit-là, fît éclater de rire le public par « ses roulements d'yeux extravagants, ses soupirs ridicules et ses larmes niaises ». C'est ainsi qu'il se décrit lui-même par l'organe de M. Lysidas, de la Critique. Il n'en est pas moins vrai qu'Arnolphe devient presque touchant au milieu de son désespoir, et c'est l'écueil de ce rôle lorsque l'acteur est tenté de verser dans le comique larmoyant. De nos jours, M. Got s'y est essayé; mais il est bien vite revenu de son erreur, et, depuis 1873, cet acteur de grand talent a retrouvé la note juste, qui le replace dans la vraie tradition de Molière.

L'inventaire des habits de théâtre de Molière n'en indique aucun pour L'ÉCOLE DES FEMMES; ce qui permet de présumer que Molière jouait Arnolphe avec le même costume que le Sganarelle de L'ÉCOLE DES MARIS, consistant en haut-de-chausses, pourpoint, manteau, col, escarcelle et ceinture, le tout de satin couleur de musc. (Eudore Soulié, RECHERCHES, p. 278.)

Mlle de Brie et son mari (Edme Vilquin) étaient associés depuis Lyon, en 1653, à la fortune de Molière; elle ne devait pas avoir moins de trente ans lorsqu'elle créa le rôle d'Agnès, qu'elle jouait encore vingt ans plus tard à la salle Mazarine, et dans lequel le public ne voulait pas qu'elle fût remplacée. C'est ici l'occasion de faire remarquer que, dans une troupe composée de douze à quinze personnes au plus, les rôles étant distribués selon le talent et non selon l'âge; à côté d'une Agnès de trente ans, on applaudissait une Georgette de quarante-cinq ans dans la personne de Madeleine Béjart.

La Grange était adorable sous la perruque blonde d'Horace, tel que nous avons vu son successeur M. Delaunay, inimitable dans ce joli rôle.

On connaît le mot de Louis XIV sur Brécourt, qui fit sa première création au Palais-Royal dans le rôle d'Alain : « Cet homme-là ferait rire des pierres! » Ne trouve-t-il pas sa confirmation dans ce passage de la Muse historique *racontant une représentation de* l'École des Femmes *donnée au Louvre, l'après-dîner, la veille du jour des Rois (5 janvier 1663)?*

> Dans une salle ou beau salon,
> Pour divertir seigneurs et dames,
> On joua *l'Ecole des Femmes,*
> Qui fit rire Leurs Majestés
> Jusqu'à se tenir les côtés.
>
> (*Lettre du* 13 *janvier* 1663.)

Il est certain que l'École des Femmes *obtint l'éclatante approbation du roi et de la cour, confirmée par la plus haute autorité littéraire de ce temps-là, par Boileau, qui rendit publiquement hommage à Molière dans les stances que voici :*

SUR L'ESCOLE DES FEMMES

STANCES

> En vain mille jaloux esprits,
> Molier (sic), osent avec mépris
> Censurer ton plus bel ouvrage;

Sa charmante naïveté
S'en va pour jamais d'âge en âge
Enjouer la Postérité.

Tant que l'univers durera,
Avecque plaisir on lira
Que, quoy qu'une femme complote,
Un mari ne doit dire mot,
Et qu'assez souvent la plus sotte
Est habile pour faire un sot.

Ta Muse avec utilité
Dit plaisamment la vérité ;
Chacun profite à ton Escole.
Tout en est beau, tout en est bon,
Et ta plus burlesque parole
Est souvent un docte sermon.

Que tu ris agréablement !
Que tu badines sçavamment !
Celuy qui sceut vaincre Numance,
Qui mit Cartage sous sa loy,
Jadis sous le nom de Terence,
Sceut-il mieux badiner que toy ?

Laisse gronder tes envieux.
Ils ont beau crier, en tous lieux,
Que c'est à tort qu'on te révère,
Que tu n'es rien moins que plaisant,
Si tu sçavois un peu moins plaire,
Tu ne leur déplairois pas tant.

Nous venons de rétablir le texte intégral des vers de Boileau, souvent mutilés ou altérés par les éditeurs modernes. Nous les transcrivons ici d'après leur im-

pression première, que nous avons trouvée dans le recueil intitulé LES DÉLICES DE LA POÉSIE GALANTE, 1re partie, p. 95 (Paris, Jean Ribou, in-12, 1666), dont le privilège est daté du 14 septembre 1663, huit mois après la première représentation de L'ÉCOLE DES FEMMES, achevé d'imprimer le 22 août 1665.

AUGUSTE VITU.

L'ÉCOLE DES FEMMES

COMÉDIE EN CINQ ACTES

EN VERS

A MADAME

MADAME,

Je suis le plus embarrassé homme du monde lorsqu'il me faut dédier un livre, et je me trouve si peu fait au style d'épître dédicatoire que je ne sais par où sortir de celle-ci. Un autre auteur qui seroit en ma place trouveroit d'abord cent belles choses à dire de Votre Altesse Royale sur le titre de l'École des Femmes et l'offre qu'il vous en feroit ; mais, pour moi, Madame, je vous avoue mon foible : je ne sais point cet art de trouver des rapports entre des choses si peu proportionnées ; et, quelques belles lumières que mes confrères les auteurs me donnent tous les jours sur de pareils sujets, je ne vois point ce que Votre Altesse Royale pourroit avoir à démêler avec la comédie que je lui présente. On n'est pas en peine, sans doute, comment il faut faire pour vous louer. La matière, Madame, ne saute que trop aux yeux, et, de quelque côté qu'on vous regarde, on rencontre gloire sur gloire et qualités sur qualités. Vous en avez, Madame, du côté du rang et de la naissance, qui vous font respecter de toute la terre. Vous en avez du côté des grâces et de l'esprit et du corps, qui vous font admirer de toutes les personnes qui vous voient. Vous en avez du côté de l'âme, qui, si l'on ose parler ainsi, vous font aimer de tous ceux qui ont l'honneur d'approcher de vous : je veux dire cette douceur pleine de charmes dont vous daignez tempérer la fierté des grands titres que vous portez; cette bonté toute obligeante, cette affabilité généreuse, que vous faites paroître pour tout le monde; et ce sont particulièrement ces dernières pour qui je suis, et dont je sens fort bien que je ne me pourrai taire quelque jour. Mais, encore une fois, Madame, je ne sais point le biais de faire entrer ici des vérités si éclatantes, et ce sont choses, à mon avis, et d'une trop vaste étendue et d'un mérite trop relevé pour les vouloir renfermer dans une épître et les mêler avec des bagatelles. Tout bien considéré, Madame, je ne vois rien à faire ici pour moi que de vous dédier simplement ma comédie, et de vous assurer, avec tout le respect qu'il m'est possible, que je suis de Votre Altesse Royale,

Madame,

le très humble, très obéissant et très obligé serviteur,

J.-B. MOLIÈRE.

PRÉFACE

Bien des gens ont frondé d'abord cette comédie; mais les rieurs ont été pour elle, et tout le mal qu'on en a pu dire n'a pu faire qu'elle n'ait eu un succès dont je me contente. Je sais qu'on attend de moi, dans cette impression, quelque préface qui réponde aux censeurs et rende raison de mon ouvrage; et sans doute que je suis assez redevable à toutes les personnes qui lui ont donné leur approbation pour me croire obligé de défendre leur jugement contre celui des autres; mais il se trouve qu'une grande partie des choses que j'aurois à dire sur ce sujet est déjà dans une dissertation que j'ai faite en dialogue, et dont je ne sais encore ce que je ferai. L'idée de ce dialogue, ou, si l'on veut, de cette petite comédie, me vint après les deux ou trois premières représentations de ma pièce. Je la dis, cette idée, dans une maison où je me trouvai un soir, et d'abord une personne de qualité, dont l'esprit est assez connu dans le monde, et qui me fait l'honneur de m'aimer, trouva le projet assez à son gré non seulement pour me solliciter d'y mettre la main, mais encore pour l'y mettre lui-même; et je fus étonné que deux jours après il me montra toute l'affaire exécutée, d'une manière, à la vérité, beaucoup plus galante et plus spirituelle que je ne puis faire, mais où je trouvai des choses trop avantageuses pour moi; et j'eus peur que, si je produisois cet ouvrage sur notre théâtre, on ne m'accusât d'abord d'avoir mendié les louanges qu'on m'y donnoit. Cependant cela m'empêcha, par quelque considération, d'achever ce que j'avois commencé. Mais tant de gens me pressent tous les jours de le faire que je ne sais ce qui en sera, et cette incertitude est cause que je ne mets point dans cette préface ce qu'on verra dans *la Critique*, en cas que je me résolve à la faire paroître. S'il faut que cela soit, je le dis encore, ce sera seulement pour venger le public du chagrin délicat de certaines gens : car, pour moi, je m'en tiens assez vengé par la réussite de ma comédie, et je souhaite que toutes celles que je pourrai faire soient traitées par eux comme celle-ci, pourvu que le reste suive de même.

L'ÉCOLE DES FEMMES

LES PERSONNAGES

ARNOLPHE, autrement M. DE LA SOUCHE.
AGNES, jeune fille innocente élevée par Arnolphe.
HORACE, amant d'Agnès.
ALAIN, paysan, valet d'Arnolphe.
GEORGETTE, paysanne, servante d'Arnolphe.
CHRYSALDE, ami d'Arnolphe.
ENRIQUE, beau-frère de Chrysalde.
ORONTE, père d'Horace et grand ami d'Arnolphe.

La scène est dans une place de ville.

L'ÉCOLE DES FEMMES

ACTE PREMIER

SCÈNE PREMIÈRE

CHRYSALDE, ARNOLPHE.

CHRYSALDE.
Vous venez, dites-vous, pour lui donner la main?
ARNOLPHE.
Oui, je veux terminer la chose dans demain.
CHRYSALDE.
Nous sommes ici seuls, et l'on peut, ce me semble,
Sans craindre d'être ouïs, y discourir ensemble.
Voulez-vous qu'en ami je vous ouvre mon cœur?
Votre dessein pour vous me fait trembler de peur,

Et, de quelque façon que vous tourniez l'affaire,
Prendre femme est à vous un coup bien téméraire.
####### ARNOLPHE.
Il est vrai, notre ami. Peut-être que chez vous
Vous trouvez des sujets de craindre pour chez nous ;
Et votre front, je crois, veut que du mariage
Les cornes soient partout l'infaillible apanage.
####### CHRYSALDE.
Ce sont coups du hasard, dont on n'est point garant,
Et bien sot, ce me semble, est le soin qu'on en prend.
Mais, quand je crains pour vous, c'est cette raillerie
Dont cent pauvres maris ont souffert la furie :
Car enfin vous savez qu'il n'est grands ni petits
Que de votre critique on ait vus garantis ;
Que vos plus grands plaisirs sont, partout où vous êtes,
De faire cent éclats des intrigues secrètes...
####### ARNOLPHE.
Fort bien : est-il au monde une autre ville aussi
Où l'on ait des maris si patients qu'ici ?
Est-ce qu'on n'en voit pas de toutes les espèces,
Qui sont accommodés chez eux de toutes pièces ?
L'un amasse du bien, dont sa femme fait part
A ceux qui prennent soin de le faire cornard ;
L'autre, un peu plus heureux, mais non pas moins infâme,
Voit faire tous les jours des présents à sa femme,
Et d'aucun soin jaloux n'a l'esprit combattu
Parce qu'elle lui dit que c'est pour sa vertu.
L'un fait beaucoup de bruit, qui ne lui sert de guères ;
L'autre en toute douceur laisse aller les affaires,

Et, voyant arriver chez lui le damoiseau,
Prend fort honnêtement ses gants et son manteau.
L'une de son galant, en adroite femelle,
Fait fausse confidence à son époux fidèle,
Qui dort en sûreté sur un pareil appas,
Et le plaint, ce galant, des soins qu'il ne perd pas;
L'autre, pour se purger de sa magnificence,
Dit qu'elle gagne au jeu l'argent qu'elle dépense,
Et le mari benêt, sans songer à quel jeu,
Sur les gains qu'elle fait rend des grâces à Dieu.
Enfin ce sont partout des sujets de satire;
Et, comme spectateur, ne puis-je pas en rire?
Puis-je pas de nos sots...

CHRYSALDE.

Oui ; mais qui rit d'autrui
Doit craindre qu'en revanche on rie aussi de lui.
J'entends parler le monde, et des gens se délassent
A venir débiter les choses qui se passent ;
Mais, quoi que l'on divulgue aux endroits où je suis,
Jamais on ne m'a vu triompher de ces bruits ;
J'y suis assez modeste, et, bien qu'aux occurrences
Je puisse condamner certaines tolérances,
Que mon dessein ne soit de souffrir nullement
Ce que quelques maris souffrent paisiblement,
Pourtant je n'ai jamais affecté de le dire :
Car enfin il faut craindre un revers de satire,
Et l'on ne doit jamais jurer, sur de tels cas,
De ce qu'on pourra faire ou bien ne faire pas.
Ainsi, quand à mon front, par un sort qui tout mène,

Il seroit arrivé quelque disgrâce humaine,
Après mon procédé, je suis presque certain
Qu'on se contentera de s'en rire sous main ;
Et peut-être qu'encor j'aurai cet avantage
Que quelques bonnes gens diront que c'est dommage.
Mais de vous, cher compère, il en est autrement :
Je vous le dis encor, vous risquez diablement.
Comme sur les maris accusés de souffrance
De tout temps votre langue a daubé d'importance,
Qu'on vous a vu contre eux un diable déchaîné,
Vous devez marcher droit pour n'être point berné ;
Et, s'il faut que sur vous on ait la moindre prise,
Gare qu'aux carrefours on ne vous tympanise,
Et...

ARNOLPHE.

Mon Dieu ! notre ami, ne vous tourmentez point ;
Bien huppé qui pourra m'attraper sur ce point.
Je sais les tours rusés et les subtiles trames
Dont, pour nous en planter, savent user les femmes,
Et comme on est dupé par leurs dextérités.
Contre cet accident j'ai pris mes sûretés,
Et celle que j'épouse a toute l'innocence
Qui peut sauver mon front de maligne influence.

CHRYSALDE.

Et que prétendez-vous qu'une sotte, en un mot...

ARNOLPHE.

Épouser une sotte est pour n'être point sot.
Je crois, en bon chrétien, votre moitié fort sage ;
Mais une femme habile est un mauvais présage,

Et je sais ce qu'il coûte à de certaines gens
Pour avoir pris les leurs avec trop de talents.
Moi, j'irois me charger d'une spirituelle
Qui ne parleroit rien que cercle et que ruelle,
Qui de prose et de vers feroit de doux écrits,
Et que visiteroient marquis et beaux esprits,
Tandis que, sous le nom du mari de Madame,
Je serois comme un saint que pas un ne réclame ?
Non, non, je ne veux point d'un esprit qui soit haut,
Et femme qui compose en sait plus qu'il ne faut.
Je prétends que la mienne, en clartés peu sublime,
Même ne sache pas ce que c'est qu'une rime,
Et, s'il faut qu'avec elle on joue au corbillon,
Et qu'on vienne à lui dire à son tour : « Qu'y met-on ? »
Je veux qu'elle réponde : « Une tarte à la crème » ;
En un mot, qu'elle soit d'une ignorance extrême ;
Et c'est assez pour elle, à vous en bien parler,
De savoir prier Dieu, m'aimer, coudre et filer.

CHRYSALDE.

Une femme stupide est donc votre marotte ?

ARNOLPHE.

Tant, que j'aimerois mieux une laide bien sotte
Qu'une femme fort belle avec beaucoup d'esprit.

CHRYSALDE.

L'esprit et la beauté...

ARNOLPHE.

    L'honnêteté suffit.

CHRYSALDE.

Mais comment voulez-vous, après tout, qu'une bête

Puisse jamais savoir ce que c'est qu'être honnête ?
Outre qu'il est assez ennuyeux, que je croi,
D'avoir toute sa vie une bête avec soi;
Pensez-vous le bien prendre, et que sur votre idée
La sûreté d'un front puisse être bien fondée ?
Une femme d'esprit peut trahir son devoir,
Mais il faut, pour le moins, qu'elle ose le vouloir,
Et la stupide au sien peut manquer d'ordinaire
Sans en avoir l'envie et sans penser le faire.

ARNOLPHE.

A ce bel argument, à ce discours profond,
Ce que Pantagruel à Panurge répond :
Pressez-moi de me joindre à femme autre que sotte,
Prêchez, patrocinez jusqu'à la Pentecôte :
Vous serez ébahi, quand vous serez au bout,
Que vous ne m'aurez rien persuadé du tout.

CHRYSALDE.

Je ne vous dis plus mot.

ARNOLPHE.

Chacun a sa méthode.
En femme, comme en tout, je veux suivre ma mode.
Je me vois riche assez pour pouvoir, que je croi,
Choisir une moitié qui tienne tout de moi
Et de qui la soumise et pleine dépendance
N'ait à me reprocher aucun bien ni naissance.
Un air doux et posé, parmi d'autres enfants,
M'inspira de l'amour pour elle dès quatre ans ;
Sa mère se trouvant de pauvreté pressée,
De la lui demander il me vint la pensée,

Et la bonne paysanne, apprenant mon désir,
A s'ôter cette charge eut beaucoup de plaisir.
Dans un petit couvent, loin de toute pratique,
Je la fis élever selon ma politique,
C'est-à-dire ordonnant quels soins on emploîroit
Pour la rendre idiote autant qu'il se pourroit.
Dieu merci, le succès a suivi mon attente,
Et, grande, je l'ai vue à tel point innocente
Que j'ai béni le Ciel d'avoir trouvé mon fait,
Pour me faire une femme au gré de mon souhait.
Je l'ai donc retirée, et, comme ma demeure
A cent sortes de monde est ouverte à toute heure,
Je l'ai mise à l'écart, comme il faut tout prévoir,
Dans cette autre maison, où nul ne me vient voir;
Et, pour ne point gâter sa bonté naturelle,
Je n'y tiens que des gens tout aussi simples qu'elle.
Vous me direz : « Pourquoi cette narration? »
C'est pour vous rendre instruit de ma précaution.
Le résultat de tout est qu'en ami fidèle,
Ce soir, je vous invite à souper avec elle :
Je veux que vous puissiez un peu l'examiner,
Et voir si de mon choix on me doit condamner.

CHRYSALDE.

J'y consens.

ARNOLPHE.

Vous pourrez, dans cette conférence,
Juger de sa personne et de son innocence.

CHRYSALDE.

Pour cet article-là, ce que vous m'avez dit

Ne peut...
ARNOLPHE.
La vérité passe encor mon récit.
Dans ses simplicités à tous coups je l'admire,
Et parfois elle en dit dont je pâme de rire.
L'autre jour (pourroit-on se le persuader?)
Elle étoit fort en peine, et me vint demander,
Avec une innocence à nulle autre pareille,
Si les enfants qu'on fait se faisoient par l'oreille.
CHRYSALDE.
Je me réjouis fort, Seigneur Arnolphe...
ARNOLPHE.
Bon!
Me voulez-vous toujours appeler de ce nom?
CHRYSALDE.
Ah! malgré que j'en aie, il me vient à la bouche,
Et jamais je ne songe à Monsieur de La Souche.
Qui diable vous a fait aussi vous aviser,
A quarante et deux ans, de vous débaptiser,
Et d'un vieux tronc pourri de votre métairie
Vous faire dans le monde un nom de seigneurie?
ARNOLPHE.
Outre que la maison par ce nom se connaît,
La Souche plus qu'Arnolphe à mes oreilles plaît.
CHRYSALDE.
Quel abus de quitter le vrai nom de ses pères
Pour en vouloir prendre un bâti sur des chimères!
De la plupart des gens c'est la démangeaison;
Et, sans vous embrasser dans la comparaison,

Je sais un paysan qu'on appeloit Gros-Pierre,
Qui, n'ayant pour tout bien qu'un seul quartier de terre,
Y fit tout à l'entour faire un fossé bourbeux,
Et de Monsieur de l'Isle en prit le nom pompeux.

ARNOLPHE.

Vous pourriez vous passer d'exemples de la sorte ;
Mais enfin de La Souche est le nom que je porte ;
J'y vois de la raison, j'y trouve des appas,
Et m'appeler de l'autre est ne m'obliger pas.

CHRYSALDE.

Cependant la plupart ont peine à s'y soumettre,
Et je vois même encor des adresses de lettre...

ARNOLPHE.

Je le souffre aisément de qui n'est pas instruit ;
Mais vous...

CHRYSALDE.

   Soit. Là-dessus nous n'aurons point de bruit,
Et je prendrai le soin d'accoutumer ma bouche
A ne plus vous nommer que Monsieur de La Souche.

ARNOLPHE.

Adieu. Je frappe ici pour donner le bonjour
Et dire seulement que je suis de retour.

CHRYSALDE, *s'en allant.*

Ma foi, je le tiens fou de toutes les manières.

ARNOLPHE.

Il est un peu blessé sur certaines matières.
Chose étrange de voir comme avec passion
Un chacun est chaussé de son opinion !
Holà !...

SCÈNE II

ALAIN, GEORGETTE, ARNOLPHE.

ALAIN.

Qui heurte?

ARNOLPHE.

Ouvrez. On aura, que je pense,
Grande joie à me voir après dix jours d'absence.

ALAIN.

Qui va là?

ARNOLPHE.

Moi.

ALAIN.

Georgette?

GEORGETTE.

Hé bien?

ALAIN.

Ouvre là-bas.

GEORGETTE.

Vas-y, toi.

ALAIN.

Vas-y, toi.

GEORGETTE.

Ma foi, je n'irai pas.

ALAIN.

Je n'irai pas aussi.

ACTE I, SCÈNE II

ARNOLPHE.

Bele cérémonie
Pour me laisser dehors! Holà ho! je vous prie.

GEORGETTE.

Qui frappe?

ARNOLPHE.

Votre maître.

GEORGETTE.

Alain?

ALAIN.

Quoi?

GEORGETTE.

C'est Monsieu.
Ouvre vite.

ALAIN.

Ouvre, toi.

GEORGETTE.

Je souffle notre feu.

ALAIN.

J'empêche, peur du chat, que mon moineau ne sorte.

ARNOLPHE.

Quiconque de vous deux n'ouvrira pas la porte
N'aura point à manger de plus de quatre jours.
Ha!

GEORGETTE.

Par quelle raison y venir quand j'y cours?

ALAIN.

Pourquoi plutôt que moi? Le plaisant strodagème!

GEORGETTE.

Ote-toi donc de là.

ALAIN.

Non, ôte-toi toi-même.

GEORGETTE.

Je veux ouvrir la porte.

ALAIN.

Et je veux l'ouvrir, moi.

GEORGETTE.

Tu ne l'ouvriras pas.

ALAIN.

Ni toi non plus.

GEORGETTE.

Ni toi.

ARNOLPHE.

Il faut que j'aie ici l'âme bien patiente !

ALAIN.

Au moins, c'est moi, Monsieur.

GEORGETTE.

Je suis votre servante ; C'est moi.

ALAIN.

Sans le respect de Monsieur que voilà, Je te...

ARNOLPHE, *recevant un coup d'Alain.*

Peste !

ALAIN.

Pardon.

ACTE I, SCÈNE II

ARNOLPHE.

Voyez ce lourdaud-là !

ALAIN.

C'est elle aussi, Monsieur...

ARNOLPHE.

Que tous deux on se taise.
Songez à me répondre, et laissons la fadaise.
Hé bien ! Alain, comment se porte-t-on ici ?

ALAIN.

Monsieur, nous nous... Monsieur, nous nous por... Dieu merci !
Nous nous...

(*Arnolphe ôte par trois fois le chapeau de
dessus la tête d'Alain.*)

ARNOLPHE.

Qui vous apprend, impertinente bête,
A parler devant moi le chapeau sur la tête ?

ALAIN.

Vous faites bien, j'ai tort.

ARNOLPHE, *à Alain*.

Faites descendre Agnès.

(*A Georgette.*)
Lorsque je m'en allai, fut-elle triste après ?

GEORGETTE.

Triste ? Non.

ARNOLPHE.

Non ?

GEORGETTE.

Si fait !

ARNOLPHE.
Pourquoi donc?...
GEORGETTE.
Oui, je meure,
Elle vous croyoit voir de retour à toute heure,
Et nous n'oyions jamais passer devant chez nous
Cheval, âne ou mulet, qu'elle ne prît pour vous.

SCÈNE III

AGNÈS, ALAIN, GEORGETTE, ARNOLPHE.

ARNOLPHE.
La besogne à la main! c'est un bon témoignage.
Hé bien! Agnès, je suis de retour du voyage;
En êtes-vous bien aise?
AGNÈS.
Oui, Monsieur, Dieu merci.
ARNOLPHE.
Et moi, de vous revoir je suis bien aise aussi.
Vous vous êtes toujours, comme on voit, bien portée?
AGNÈS.
Hors les puces, qui m'ont la nuit inquiétée.
ARNOLPHE.
Ah! vous aurez dans peu quelqu'un pour les chasser.
AGNÈS.
Vous me ferez plaisir.

ARNOLPHE.
Je le puis bien penser.
Que faites-vous donc là?
AGNÈS.
Je me fais des cornettes.
Vos chemises de nuit et vos coiffes sont faites.
ARNOLPHE.
Ha! voilà qui va bien. Allez, montez là-haut :
Ne vous ennuyez point, je reviendrai tantôt,
Et je vous parlerai d'affaires importantes.
(*Tous étant rentrés.*)
Héroïnes du temps, Mesdames les savantes,
Pousseuses de tendresse et de beaux sentiments,
Je défie à la fois tous vos vers, vos romans,
Vos lettres, billets doux, toute votre science,
De valoir cette honnête et pudique ignorance.

SCÈNE IV

HORACE, ARNOLPHE.

ARNOLPHE.
Ce n'est point par le bien qu'il faut être ébloui,
Et, pourvu que l'honneur soit... Que vois-je? Est-ce... Oui.
Je me trompe. Nenni. Si fait. Non, c'est lui-même,
Hor...
HORACE.
Seigneur Ar...

ARNOLPHE.

Horace.

HORACE.

Arnolphe.

ARNOLPHE.

Ah! joie extrême!
Et depuis quand ici?

HORACE.

Depuis neuf jours.

ARNOLPHE.

Vraiment?

HORACE.

Je fus d'abord chez vous, mais inutilement.

ARNOLPHE.

J'étois à la campagne.

HORACE.

Oui, depuis deux journées.

ARNOLPHE.

Oh! comme les enfants croissent en peu d'années!
J'admire de le voir au point où le voilà,
Après que je l'ai vu pas plus grand que cela.

HORACE.

Vous voyez.

ARNOLPHE.

Mais, de grâce, Oronte votre père,
Mon bon et cher ami, que j'estime et révère,
Que fait-il? que dit-il? est-il toujours gaillard?
A tout ce qui le touche il sait que je prends part.
Nous ne nous sommes vus depuis quatre ans ensemble,

ACTE I, SCÈNE IV

Ni, qui plus est, écrit l'un à l'autre, me semble.
HORACE.
Il est, Seigneur Arnolphe, encor plus gai que nous,
Et j'avois de sa part une lettre pour vous;
Mais, depuis, par une autre il m'apprend sa venue,
Et la raison encor ne m'en est pas connue.
Savez-vous qui peut être un de vos citoyens
Qui retourne en ces lieux avec beaucoup de biens
Qu'il s'est en quatorze ans acquis dans l'Amérique?
ARNOLPHE.
Non. Vous a-t-on point dit comme on le nomme?
HORACE.
Enrique.
ARNOLPHE.
Non.
HORACE.
Mon père m'en parle, et qu'il est revenu,
Comme s'il devoit m'être entièrement connu,
Et m'écrit qu'en chemin ensemble ils se vont mettre
Pour un fait important que ne dit point sa lettre.
ARNOLPHE.
J'aurai certainement grande joie à le voir,
Et pour le régaler je ferai mon pouvoir.
(*Après avoir lu la lettre.*)
Il faut, pour des amis, des lettres moins civiles,
Et tous ces compliments sont choses inutiles;
Sans qu'il prît le souci de m'en écrire rien,
Vous pouvez librement disposer de mon bien.

Horace.

Je suis homme à saisir les gens par leurs paroles,
Et j'ai présentement besoin de cent pistoles.

Arnolphe.

Ma foi, c'est m'obliger que d'en user ainsi,
Et je me réjouis de les avoir ici.
Gardez aussi la bourse.

Horace.

Il faut...

Arnolphe.

Laissons ce style.
Hé bien! comment encor trouvez-vous cette ville?

Horace.

Nombreuse en citoyens, superbe en bâtiments,
Et j'en crois merveilleux les divertissements.

Arnolphe.

Chacun a ses plaisirs, qu'il se fait à sa guise;
Mais, pour ceux que du nom de galants on baptise,
Ils ont en ce pays de quoi se contenter,
Car les femmes y sont faites à coqueter.
On trouve d'humeur douce et la brune et la blonde,
Et les maris aussi les plus bénins du monde :
C'est un plaisir de prince, et des tours que je voi
Je me donne souvent la comédie à moi.
Peut-être en avez-vous déjà féru quelqu'une.
Vous est-il point encore arrivé de fortune?
Les gens faits comme vous font plus que les écus,
Et vous êtes de taille à faire des cocus.

HORACE.

A ne vous rien cacher de la vérité pure,
J'ai d'amour en ces lieux eu certaine aventure,
Et l'amitié m'oblige à vous en faire part.

ARNOLPHE.

Bon ! voici de nouveau quelque conte gaillard,
Et ce sera de quoi mettre sur mes tablettes.

HORACE.

Mais, de grâce, qu'au moins ces choses soient secrètes.

ARNOLPHE.

Oh !

HORACE.

Vous n'ignorez pas qu'en ces occasions
Un secret éventé rompt nos prétentions.
Je vous avoûrai donc avec pleine franchise
Qu'ici d'une beauté mon âme s'est éprise.
Mes petits soins d'abord ont eu tant de succès
Que je me suis chez elle ouvert un doux accès ;
Et, sans trop me vanter ni lui faire une injure,
Mes affaires y sont en fort bonne posture.

ARNOLPHE, *riant*.

Et c'est ?

HORACE, *lui montrant le logis d'Agnès*.

Un jeune objet qui loge en ce logis
Dont vous voyez d'ici que les murs sont rougis :
Simple, à la vérité, par l'erreur sans seconde
D'un homme qui la cache au commerce du monde,
Mais qui, dans l'ignorance où l'on veut l'asservir,
Fait briller des attraits capables de ravir ;

Un air tout engageant, je ne sais quoi de tendre,
Dont il n'est point de cœur qui se puisse défendre.
Mais peut-être il n'est pas que vous n'ayez bien vu
Ce jeune astre d'amour de tant d'attraits pourvu :
C'est Agnès qu'on l'appelle.

ARNOLPHE, *à part*.

Ah ! je crève !

HORACE.

Pour l'homme,
C'est, je crois, de La Zousse, ou Source, qu'on le nomme :
Je ne me suis pas fort arrêté sur le nom ;
Riche, à ce qu'on m'a dit, mais des plus sensés, non,
Et l'on m'en a parlé comme d'un ridicule.
Le connoissez-vous point ?

ARNOLPHE, *à part*.

La fâcheuse pilule !

HORACE.

Eh ! vous ne dites mot ?

ARNOLPHE.

Eh ! oui, je le connoi.

HORACE.

C'est un fou, n'est-ce pas ?

ARNOLPHE.

Eh !...

HORACE.

Qu'en dites-vous ? quoi ?
Eh ! c'est-à-dire oui. Jaloux à faire rire ?
Sot ? Je vois qu'il en est ce que l'on m'a pu dire.
Enfin l'aimable Agnès a su m'assujettir.

C'est un joli bijou, pour ne vous point mentir,
Et ce seroit péché qu'une beauté si rare
Fût laissée au pouvoir de cet homme bizarre.
Pour moi, tous mes efforts, tous mes vœux les plus doux,
Vont à m'en rendre maître en dépit du jaloux,
Et l'argent que de vous j'emprunte avec franchise
N'est que pour mettre à bout cette juste entreprise.
Vous savez mieux que moi, quels que soient nos efforts,
Que l'argent est la clef de tous les grands ressorts,
Et que ce doux métal, qui frappe tant de têtes,
En amour, comme en guerre, avance les conquêtes.
Vous me semblez chagrin : seroit-ce qu'en effet
Vous désapprouveriez le dessein que j'ai fait?

ARNOLPHE.

Non, c'est que je songeois...

HORACE.

Cet entretien vous lasse.
Adieu; j'irai chez vous tantôt vous rendre grâce.

(Il s'en va.)

ARNOLPHE.

Ah! faut-il...

HORACE, *revenant.*

Derechef, veuillez être discret,
Et n'allez pas, de grâce, éventer mon secret.

(Il s'en va.)

ARNOLPHE.

Que je sens dans mon âme...

HORACE, *revenant.*

Et surtout à mon père,

Qui s'en feroit peut-être un sujet de colère.
(Il s'en va.)
ARNOLPHE, *croyant qu'il revient encore.*
Oh!... Oh! que j'ai souffert durant cet entretien!
Jamais trouble d'esprit ne fut égal au mien.
Avec quelle imprudence et quelle hâte extrême
Il m'est venu conter cette affaire à moi-même!
Bien que mon autre nom le tienne dans l'erreur,
Étourdi montra-t-il jamais tant de fureur?
Mais, ayant tant souffert, je devois me contraindre
Jusques à m'éclaircir de ce que je dois craindre,
A pousser jusqu'au bout son caquet indiscret,
Et savoir pleinement leur commerce secret.
Tâchons à le rejoindre : il n'est pas loin, je pense;
Tirons-en de ce fait l'entière confidence.
Je tremble du malheur qui m'en peut arriver,
Et l'on cherche souvent plus qu'on ne veut trouver.

ACTE II

SCÈNE PREMIÈRE

ARNOLPHE.

Il m'est, lorsque j'y pense, avantageux, sans doute,
D'avoir perdu mes pas et pu manquer sa route :
Car enfin de mon cœur le trouble impérieux
N'eût pu se renfermer tout entier à ses yeux ;
Il eût fait éclater l'ennui qui me dévore,
Et je ne voudrois pas qu'il sût ce qu'il ignore.
Mais je ne suis pas homme à gober le morceau
Et laisser un champ libre aux vœux du damoiseau ;
J'en veux rompre le cours, et, sans tarder, apprendre
Jusqu'où l'intelligence entre eux a pu s'étendre.
J'y prends, pour mon honneur, un notable intérêt ;
Je la regarde en femme, aux termes qu'elle en est ;
Elle n'a pu faillir sans me couvrir de honte,
Et tout ce qu'elle a fait enfin est sur mon compte.
Éloignement fatal! Voyage malheureux!
                    (*Frappant à la porte.*)

Et jamais je ne vis un plus hideux chrétien.
ALAIN.
Ce monsieur l'a fâché, je te le disois bien.
GEORGETTE.
Mais que diantre est-ce là qu'avec tant de rudesse
Il nous fait au logis garder notre maîtresse?
D'où vient qu'à tout le monde il veut tant la cacher,
Et qu'il ne sauroit voir personne en approcher?
ALAIN.
C'est que cette action le met en jalousie.
GEORGETTE.
Mais d'où vient qu'il est pris de cette fantaisie?
ALAIN.
Cela vient... cela vient de ce qu'il est jaloux.
GEORGETTE.
Oui; mais pourquoi l'est-il, et pourquoi ce courroux?
ALAIN.
C'est que la jalousie... entends-tu bien, Georgette,
Est une chose... là... qui fait qu'on s'inquiète...
Et qui chasse les gens d'autour d'une maison.
Je m'en vais te bailler une comparaison,
Afin de concevoir la chose davantage.
Dis-moi, n'est-il pas vrai, quand tu tiens ton potage,
Que, si quelque affamé venoit pour en manger,
Tu serois en colère, et voudrois le charger?
GEORGETTE.
Oui, je comprends cela.
ALAIN.
C'est justement tout comme.

La femme est en effet le potage de l'homme,
Et, quand un homme voit d'autres hommes parfois
Qui veulent dans sa soupe aller tremper leurs doigts,
Il en montre aussitôt une colère extrême.
####### GEORGETTE.
Oui ; mais pourquoi chacun n'en fait-il pas de même,
Et que nous en voyons qui paroissent joyeux
Lorsque leurs femmes sont avec les biaux monsieurs ?
####### ALAIN.
C'est que chacun n'a pas cette amitié goulue
Qui n'en veut que pour soi.
####### GEORGETTE.
    Si je n'ai la berlue,
Je le vois qui revient.
####### ALAIN.
    Tes yeux sont bons, c'est lui.
####### GEORGETTE.
Vois comme il est chagrin.
####### ALAIN.
    C'est qu'il a de l'ennui.

SCÈNE IV

ARNOLPHE, AGNÈS, ALAIN, GEORGETTE.

####### ARNOLPHE.
Un certain Grec disoit à l'empereur Auguste,
Comme une instruction utile autant que juste,

Que, lorsqu'une aventure en colère nous met,
Nous devons avant tout dire notre alphabet,
Afin que dans ce temps la bile se tempère,
Et qu'on ne fasse rien que l'on ne doive faire.
J'ai suivi sa leçon sur le sujet d'Agnès,
Et je la fais venir dans ce lieu tout exprès,
Sous prétexte d'y faire un tour de promenade,
Afin que les soupçons de mon esprit malade
Puissent sur le discours la mettre adroitement,
Et, lui sondant le cœur, s'éclaircir doucement.
　　　　　(A Georgette et Alain.)
Venez, Agnès. Rentrez.

SCÈNE V

ARNOLPHE, AGNÈS.

ARNOLPHE.
　　　　La promenade est belle.
AGNÈS.
Fort belle.
ARNOLPHE.
Le beau jour!
AGNÈS.
　　　　Fort beau!
ARNOLPHE.
　　　　　　　　Quelle nouvelle?

AGNÈS.

Le petit chat est mort.

ARNOLPHE.

C'est dommage ; mais quoi ?
Nous sommes tous mortels, et chacun est pour soi.
Lorsque j'étois aux champs, n'a-t-il point fait de pluie ?

AGNÈS.

Non.

ARNOLPHE.

Vous ennuyoit-il ?

AGNÈS.

Jamais je ne m'ennuie.

ARNOLPHE.

Qu'avez-vous fait encor ces neuf ou dix jours-ci ?

AGNÈS.

Six chemises, je pense, et six coiffes aussi.

ARNOLPHE, *ayant un peu rêvé.*

Le monde, chère Agnès, est une étrange chose.
Voyez la médisance, et comme chacun cause !
Quelques voisins m'ont dit qu'un jeune homme inconnu
Étoit en mon absence à la maison venu,
Que vous aviez souffert sa vue et ses harangues ;
Mais je n'ai point pris foi sur ces méchantes langues,
Et j'ai voulu gager que c'étoit faussement...

AGNÈS.

Mon Dieu, ne gagez pas, vous perdriez vraiment.

ARNOLPHE.

Quoi ! c'est la vérité qu'un homme...

AGNÈS.

Chose sûre.
Il n'a presque bougé de chez nous, je vous jure.
ARNOLPHE, *à part.*
Cet aveu qu'elle fait avec sincérité
Me marque pour le moins son ingénuité.
(*Haut.*)
Mais il me semble, Agnès, si ma mémoire est bonne,
Que j'avois défendu que vous vissiez personne.
AGNÈS.
Oui; mais, quand je l'ai vu, vous ignorez pourquoi;
Et vous en auriez fait, sans doute, autant que moi.
ARNOLPHE.
Peut-être; mais enfin contez-moi cette histoire.
AGNÈS.
Elle est fort étonnante et difficile à croire.
J'étois sur le balcon à travailler au frais,
Lorsque je vis passer sous les arbres d'auprès
Un jeune homme bien fait, qui, rencontrant ma vue,
D'une humble révérence aussitôt me salue :
Moi, pour ne point manquer à la civilité,
Je fis la révérence aussi de mon côté.
Soudain il me refait une autre révérence :
Moi, j'en refais de même une autre en diligence;
Et, lui d'une troisième aussitôt repartant,
D'une troisième aussi j'y repars à l'instant.
Il passe, vient, repasse, et toujours de plus belle
Me fait à chaque fois révérence nouvelle;
Et moi, qui tous ces tours fixement regardois,

Nouvelle révérence aussi je lui rendois :
Tant que, si sur ce point la nuit ne fût venue,
Toujours comme cela je me serois tenue,
Ne voulant point céder, ni recevoir l'ennui
Qu'il me pût estimer moins civile que lui.

ARNOLPHE.

Fort bien.

AGNÈS.

  Le lendemain, étant sur notre porte,
Une vieille m'aborde en parlant de la sorte :
« Mon enfant, le bon Dieu puisse-t-il vous bénir,
Et dans tous vos attraits longtemps vous maintenir !
Il ne vous a pas faite une belle personne
Afin de mal user des choses qu'il vous donne,
Et vous devez savoir que vous avez blessé
Un cœur qui de s'en plaindre est aujourd'hui forcé. »

ARNOLPHE, *à part.*

Ah ! suppôt de Satan ! exécrable damnée !

AGNÈS.

« Moi, j'ai blessé quelqu'un ? fis-je toute étonnée.
— Oui, dit-elle, blessé, mais blessé tout de bon ;
Et c'est l'homme qu'hier vous vîtes du balcon.
— Hélas ! qui pourroit, dis-je, en avoir été cause ?
Sur lui, sans y penser, fis-je choir quelque chose ?
— Non, dit-elle, vos yeux ont fait ce coup fatal,
Et c'est de leurs regards qu'est venu tout son mal.
— Hé ! mon Dieu ! ma surprise est, fis-je, sans seconde :
Mes yeux ont-ils du mal, pour en donner au monde ?
— Oui, fit-elle, vos yeux, pour causer le trépas,

Ma fille, ont un venin que vous ne savez pas.
En un mot, il languit, le pauvre misérable;
Et s'il faut, poursuivit la vieille charitable,
Que votre cruauté lui refuse un secours,
C'est un homme à porter en terre dans deux jours.
— Mon Dieu! j'en aurois, dis-je, une douleur bien grand
Mais, pour le secourir, qu'est-ce qu'il me demande?
— Mon enfant, me dit-elle, il ne veut obtenir
Que le bien de vous voir et vous entretenir;
Vos yeux peuvent eux seuls empêcher sa ruine,
Et du mal qu'ils ont fait être la médecine.
— Hélas! volontiers, dis-je, et, puisqu'il est ainsi,
Il peut tant qu'il voudra me venir voir ici. »
ARNOLPHE, *à part*.
Ah! sorcière maudite, empoisonneuse d'âmes,
Puisse l'enfer payer tes charitables trames!
AGNÈS.
Voilà comme il me vit et reçut guérison.
Vous-même, à votre avis, n'ai-je pas eu raison,
Et pouvois-je, après tout, avoir la conscience
De le laisser mourir faute d'une assistance,
Moi qui compatis tant aux gens qu'on fait souffrir,
Et ne puis sans pleurer voir un poulet mourir?
ARNOLPHE, *bas*.
Tout cela n'est parti que d'une âme innocente,
Et j'en dois accuser mon absence imprudente,
Qui sans guide a laissé cette bonté de mœurs
Exposée aux aguets des rusés séducteurs.
Je crains que le pendard, dans ses vœux téméraires,

Un peu plus fort que jeu n'ait poussé les affaires.
AGNÈS.
Qu'avez-vous? Vous grondez, ce me semble, un petit?
Est-ce que c'est mal fait ce que je vous ai dit?
ARNOLPHE.
Non. Mais de cette vue apprenez-moi les suites,
Et comme le jeune homme a passé ses visites.
AGNÈS.
Hélas! si vous saviez comme il étoit ravi,
Comme il perdit son mal sitôt que je le vi,
Le présent qu'il m'a fait d'une belle cassette,
Et l'argent qu'en ont eu notre Alain et Georgette,
Vous l'aimeriez sans doute, et diriez comme nous...
ARNOLPHE.
Oui. Mais que faisoit-il étant seul avec vous?
AGNÈS.
Il juroit qu'il m'aimoit d'une amour sans seconde,
Et me disoit des mots les plus gentils du monde,
Des choses que jamais rien ne peut égaler,
Et dont, toutes les fois que je l'entends parler,
La douceur me chatouille et là dedans remue
Certain je ne sais quoi dont je suis toute émue.
ARNOLPHE, à part.
O fâcheux examen d'un mystère fatal,
Où l'examinateur souffre seul tout le mal!
(*A Agnès.*)
Outre tous ces discours, toutes ces gentillesses,
Ne vous faisoit-il point aussi quelques caresses?

AGNÈS.

Oh! tant! il me prenoit et les mains et les bras,
Et de me les baiser il n'étoit jamais las.

ARNOLPHE.

Ne vous a-t-il point pris, Agnès, quelque autre chose?
   (*La voyant interdite.*)
Ouf!

AGNÈS.

Hé! il m'a...

ARNOLPHE.

Quoi?

AGNÈS.

Pris...

ARNOLPHE.

Euh!

AGNÈS.

Le...

ARNOLPHE.

Plaît-il?

AGNÈS.

Je n'ose
Et vous vous fâcherez peut-être contre moi.

ARNOLPHE.

Non.

AGNÈS.

Si fait.

ARNOLPHE.

Mon Dieu! non.

ACTE II, SCÈNE V

AGNÈS.

Jurez donc votre foi.

ARNOLPHE.

Ma foi, soit.

AGNÈS.

Il m'a pris... Vous serez en colère.

ARNOLPHE.

Non.

AGNÈS.

Si.

ARNOLPHE.

Non, non, non, non ! Diantre ! que de mystère !
Qu'est-ce qu'il vous a pris ?

AGNÈS.

Il...

ARNOLPHE, *à part.*

Je souffre en damné.

AGNÈS.

Il m'a pris le ruban que vous m'aviez donné.
A vous dire le vrai, je n'ai pu m'en défendre.

ARNOLPHE, *reprenant haleine.*

Passe pour le ruban. Mais je voulois apprendre
S'il ne vous a rien fait que vous baiser les bras.

AGNÈS.

Comment ! est-ce qu'on fait d'autres choses ?

ARNOLPHE.

Non pas.

Mais, pour guérir du mal qu'il dit qui le possède,
N'a-t-il point exigé de vous d'autre remède ?

AGNÈS.

Non. Vous pouvez juger, s'il en eût demandé,
Que pour le secourir j'aurois tout accordé.

ARNOLPHE, *à part.*

Grâce aux bontés du Ciel, j'en suis quitte à bon compte.
Si j'y retombe plus, je veux bien qu'on m'affronte.

(*Haut.*)

Chut! De votre innocence, Agnès, c'est un effet ;
Je ne vous en dis mot, ce qui s'est fait est fait.
Je sais qu'en vous flattant le galant ne désire
Que de vous abuser, et puis après s'en rire.

AGNÈS.

Oh! point. Il me l'a dit plus de vingt fois à moi.

ARNOLPHE.

Ah! vous ne savez pas ce que c'est que sa foi.
Mais enfin apprenez qu'accepter des cassettes
Et de ces beaux blondins écouter les sornettes,
Que se laisser par eux, à force de langueur,
Baiser ainsi les mains et chatouiller le cœur,
Est un péché mortel des plus gros qu'il se fasse.

AGNÈS.

Un péché, dites-vous? Et la raison, de grâce?

ARNOLPHE.

La raison? La raison est l'arrêt prononcé
Que par ces actions le Ciel est courroucé.

AGNÈS.
Courroucé ? Mais pourquoi faut-il qu'il s'en courrouce ?
C'est une chose, hélas ! si plaisante et si douce !
J'admire quelle joie on goûte à tout cela,
Et je ne savois point encor ces choses-là.

ARNOLPHE.
Oui ; c'est un grand plaisir que toutes ces tendresses,
Ces propos si gentils et ces douces caresses ;
Mais il faut le goûter en toute honnêteté,
Et qu'en se mariant le crime en soit ôté.

AGNÈS.
N'est-ce plus un péché lorsque l'on se marie ?

ARNOLPHE.
Non.

AGNÈS.
Mariez-moi donc promptement, je vous prie.

ARNOLPHE.
Si vous le souhaitez, je le souhaite aussi,
Et pour vous marier on me revoit ici.

AGNÈS.
Est-il possible ?

ARNOLPHE.
Oui.

AGNÈS.
Que vous me ferez aise !

ARNOLPHE.
Oui, je ne doute point que l'hymen ne vous plaise.

AGNÈS.

Vous nous voulez nous deux...

ARNOLPHE.

Rien de plus assuré.

AGNÈS.

Que, si cela se fait, je vous caresserai!

ARNOLPHE.

Hé! la chose sera de ma part réciproque.

AGNÈS.

Je ne reconnois point, pour moi, quand on se moque.
Parlez-vous tout de bon?

ARNOLPHE.

Oui, vous le pourrez voir.

AGNÈS.

Nous serons mariés?

ARNOLPHE.

Oui.

AGNÈS.

Mais quand?

ARNOLPHE.

Dès ce soir.

AGNÈS, *riant*.

Dès ce soir?

ARNOLPHE.

Dès ce soir. Cela vous fait donc rire?

AGNÈS.

Oui.

ARNOLPHE.

Vous voir bien contente est ce que je désire.

AGNÈS.

Hélas! que je vous ai grande obligation!
Et qu'avec lui j'aurai de satisfaction!

ARNOLPHE.

Avec qui?

AGNÈS.

Avec... Là...

ARNOLPHE.

Là...: là n'est pas mon compte.
A choisir un mari vous êtes un peu prompte.
C'est un autre, en un mot, que je vous tiens tout prêt,
Et, quant au monsieur *Là,* je prétends, s'il vous plaît,
Dût le mettre au tombeau le mal dont il vous berce,
Qu'avec lui désormais vous rompiez tout commerce ;
Que, venant au logis, pour votre compliment
Vous lui fermiez au nez la porte honnêtement,
Et, lui jetant, s'il heurte, un grès par la fenêtre,
L'obligiez tout de bon à ne plus y paraître.
M'entendez-vous, Agnès? Moi, caché dans un coin,
De votre procédé je serai le témoin.

AGNÈS.

Las! il est si bien fait! C'est...

ARNOLPHE.

Ah! que de langage!

AGNÈS.

Je n'aurai pas le cœur...

ARNOLPHE.

Point de bruit davantage.
Montez là-haut.

AGNÈS.

Mais quoi! voulez-vous...

ARNOLPHE.

C'est assez.
Je suis maître, je parle : allez, obéissez.

ACTE III

SCÈNE PREMIÈRE

ARNOLPHE, AGNÈS, ALAIN, GEORGETTE.

ARNOLPHE.

Oui, tout a bien été, ma joie est sans pareille.
Vous avez là suivi mes ordres à merveille,
Confondu de tout point le blondin séducteur,
Et voilà de quoi sert un sage directeur.
Votre innocence, Agnès, avoit été surprise.
Voyez sans y penser où vous vous étiez mise :
Vous enfiliez tout droit, sans mon instruction,
Le grand chemin d'enfer et de perdition.
De tous ces damoiseaux on sait trop les coutumes :
Ils ont de beaux canons, force rubans et plumes,
Grands cheveux, belles dents et des propos fort doux;
Mais, comme je vous dis, la griffe est là-dessous,
Et ce sont vrais Satans, dont la gueule altérée

De l'honneur féminin cherche à faire curée.
Mais, encore une fois, grâce au soin apporté,
Vous en êtes sortie avec honnêteté.
L'air dont je vous ai vu lui jeter cette pierre,
Qui de tous ses desseins a mis l'espoir par terre,
Me confirme encor mieux à ne point différer
Les noces où je dis qu'il vous faut préparer.
Mais, avant toute chose, il est bon de vous faire
Quelque petit discours qui vous soit salutaire.
Un siège au frais ici.

(*A Georgette.*)

Vous, si jamais en rien...

GEORGETTE.

De toutes vos leçons nous nous souviendrons bien.
Cet autre monsieur-là nous en faisoit accroire;
Mais...

ALAIN.

S'il entre jamais, je veux jamais ne boire.
Aussi bien est-ce un sot : il nous a l'autre fois
Donné deux écus d'or qui n'étoient pas de poids.

ARNOLPHE.

Ayez donc pour souper tout ce que je désire,
Et pour notre contrat, comme je viens de dire,
Faites venir ici, l'un ou l'autre, au retour,
Le notaire qui loge au coin de ce carfour.

SCÈNE II
ARNOLPHE, AGNÈS.

ARNOLPHE, *assis*.
Agnès, pour m'écouter laissez là votre ouvrage.
Levez un peu la tête et tournez le visage ;
Là, regardez-moi là, durant cet entretien,
Et jusqu'au moindre mot imprimez-vous-le bien.
Je vous épouse, Agnès, et cent fois la journée
Vous devez bénir l'heur de votre destinée,
Contempler la bassesse où vous avez été,
Et dans le même temps admirer ma bonté
Qui, de ce vil état de pauvre villageoise,
Vous fait monter au rang d'honorable bourgeoise,
Et jouir de la couche et des embrassements
D'un homme qui fuyoit tous ces engagements,
Et dont à vingt partis fort capables de plaire
Le cœur a refusé l'honneur qu'il vous veut faire.
Vous devez toujours, dis-je, avoir devant les yeux
Le peu que vous étiez sans ce nœud glorieux,
Afin que cet objet d'autant mieux vous instruise
A mériter l'état où je vous aurai mise,
A toujours vous connoître, et faire qu'à jamais
Je puisse me louer de l'acte que je fais.
Le mariage, Agnès, n'est pas un badinage.
A d'austères devoirs le rang de femme engage,
Et vous n'y montez pas, à ce que je prétends,
Pour être libertine et prendre du bon temps.

Votre sexe n'est là que pour la dépendance :
Du côté de la barbe est la toute-puissance.
Bien qu'on soit deux moitiés de la société,
Ces deux moitiés pourtant n'ont point d'égalité :
L'une est moitié suprême, et l'autre subalterne ;
L'une en tout est soumise à l'autre, qui gouverne ;
Et ce que le soldat, dans son devoir instruit,
Montre d'obéissance au chef qui le conduit,
Le valet à son maître, un enfant à son père,
A son supérieur le moindre petit Frère,
N'approche point encor de la docilité,
Et de l'obéissance, et de l'humilité,
Et du profond respect, où la femme doit être
Pour son mari, son chef, son seigneur et son maître.
Lorsqu'il jette sur elle un regard sérieux,
Son devoir aussitôt est de baisser les yeux,
Et de n'oser jamais le regarder en face
Que quand d'un doux regard il lui veut faire grâce.
C'est ce qu'entendent mal les femmes d'aujourd'hui.
Mais ne vous gâtez-pas sur l'exemple d'autrui.
Gardez-vous d'imiter ces coquettes vilaines
Dont par toute la ville on chante les fredaines,
Et de vous laisser prendre aux assauts du malin,
C'est-à-dire d'ouïr aucun jeune blondin.
Songez qu'en vous faisant moitié de ma personne,
C'est mon honneur, Agnès, que je vous abandonne ;
Que cet honneur est tendre et se blesse de peu ;
Que sur un tel sujet il ne faut point de jeu,
Et qu'il est aux enfers des chaudières bouillantes

Où l'on plonge à jamais les femmes mal vivantes.
Ce que je vous dis là ne sont pas des chansons,
Et vous devez du cœur dévorer ces leçons.
Si votre âme les suit et fuit d'être coquette,
Elle sera toujours comme un lis blanche et nette;
Mais, s'il faut qu'à l'honneur elle fasse un faux bond,
Elle deviendra lors noire comme un charbon,
Vous paroîtrez à tous un objet effroyable,
Et vous irez un jour, vrai partage du diable,
Bouillir dans les enfers à toute éternité :
Dont vous veuille garder la céleste bonté.
Faites la révérence. Ainsi qu'une novice
Par cœur dans le couvent doit savoir son office,
Entrant au mariage il en faut faire autant :
 (*Il se lève.*)
Et voici dans ma poche un écrit important
Qui vous enseignera l'office de la femme.
J'en ignore l'auteur, mais c'est quelque bonne âme,
Et je veux que ce soit votre unique entretien.
Tenez. Voyons un peu si vous le lirez bien.

Agnès *lit*.

LES MAXIMES DU MARIAGE

ou

LES DEVOIRS DE LA FEMME MARIÉE

AVEC SON EXERCICE JOURNALIER

Première maxime.

Celle qu'un lien honnête
Fait entrer au lit d'autrui

Doit se mettre dans la tête,
Malgré le train d'aujourd'hui,
Que l'homme qui la prend ne la prend que pour lui.

ARNOLPHE.

Je vous expliquerai ce que cela veut dire ;
Mais, pour l'heure présente, il ne faut rien que lire.

AGNÈS *poursuit*.

Deuxième maxime.

Elle ne se doit parer
Qu'autant que peut désirer
Le mari qui la possède.
C'est lui que touche seul le soin de sa beauté ;
Et pour rien doit être compté
Que les autres la trouvent laide.

Troisième maxime.

Loin ces études d'œillades,
Ces eaux, ces blancs, ces pommades,
Et mille ingrédients qui font des teints fleuris !
A l'honneur tous les jours ce sont drogues mortelles,
Et les soins de paroître belles
Se prennent peu pour les maris.

Quatrième maxime.

Sous sa coiffe, en sortant, comme l'honneur l'ordonne,
Il faut que de ses yeux elle étouffe les coups :
Car, pour bien plaire à son époux,
Elle ne doit plaire à personne.

Cinquième maxime.

Hors ceux dont au mari la visite se rend,
La bonne règle défend
De recevoir aucune âme.
Ceux qui, de galante humeur,
N'ont affaire qu'à Madame
N'accommodent pas Monsieur.

Sixième maxime.

Il faut des présents des hommes
Qu'elle se défende bien :
Car, dans le siècle où nous sommes,
On ne donne rien pour rien.

Septième maxime.

Dans ses meubles, dût-elle en avoir de l'ennui,
Il ne faut écritoire, encre, papier ni plumes :
Le mari doit, dans les bonnes coutumes,
Écrire tout ce qui s'écrit chez lui.

Huitième maxime.

Ces sociétés déréglées,
Qu'on nomme belles assemblées,
Des femmes, tous les jours, corrompent les esprits.
En bonne politique, on les doit interdire,
Car c'est là que l'on conspire
Contre les pauvres maris.

Neuvième maxime.

Toute femme qui veut à l'honneur se vouer
Doit se défendre de jouer,
Comme d'une chose funeste :
Car le jeu, fort décevant,
Pousse une femme souvent
A jouer de tout son reste.

Dixième maxime.

Des promenades du temps,
Ou repas qu'on donne aux champs,
Il ne faut point qu'elle essaye :
Selon les prudents cerveaux,
Le mari, dans ces cadeaux,
Est toujours celui qui paye.

Onzième maxime...

ARNOLPHE.

Vous achèverez seule, et, pas à pas, tantôt,
Je vous expliquerai ces choses comme il faut.
Je me suis souvenu d'une petite affaire;
Je n'ai qu'un mot à dire, et ne tarderai guère.
Rentrez, et conservez ce livre chèrement.
Si le notaire vient, qu'il m'attende un moment.

SCÈNE III

ARNOLPHE.

Je ne puis faire mieux que d'en faire ma femme.
Ainsi que je voudrai je tournerai cette âme :
Comme un morceau de cire entre mes mains elle est,
Et je lui puis donner la forme qui me plaît.
Il s'en est peu fallu que, durant mon absence,
On ne m'ait attrapé par son trop d'innocence;
Mais il vaut beaucoup mieux, à dire vérité,
Que la femme qu'on a pèche de ce côté.
De ces sortes d'erreurs le remède est facile :
Toute personne simple aux leçons est docile,
Et, si du bon chemin on l'a fait écarter,
Deux mots incontinent l'y peuvent rejeter.
Mais une femme habile est bien une autre bête :
Notre sort ne dépend que de sa seule tête;
De ce qu'elle s'y met rien ne la fait gauchir,
Et nos enseignements ne font là que blanchir.

Son bel esprit lui sert à railler nos maximes,
A se faire souvent des vertus de ses crimes,
Et trouver, pour venir à ses coupables fins,
Des détours à duper l'adresse des plus fins.
Pour se parer du coup en vain on se fatigue :
Une femme d'esprit est un diable en intrigue,
Et, dès que son caprice a prononcé tout bas
L'arrêt de notre honneur, il faut passer le pas.
Beaucoup d'honnêtes gens en pourroient bien que dire.
Enfin mon étourdi n'aura pas lieu d'en rire :
Par son trop de caquet il a ce qu'il lui faut.
Voilà de nos François l'ordinaire défaut :
Dans la possession d'une bonne fortune,
Le secret est toujours ce qui les importune,
Et la vanité sotte a pour eux tant d'appas
Qu'ils se pendroient plutôt que de ne causer pas.
Oh! que les femmes sont du diable bien tentées
Lorsqu'elles vont choisir ces têtes éventées,
Et que... Mais le voici, cachons-nous toujours bien,
Et découvrons un peu quel chagrin est le sien.

SCÈNE IV

HORACE, ARNOLPHE.

Horace.
Je reviens de chez vous, et le destin me montre
Qu'il n'a pas résolu que je vous y rencontre.

Mais j'irai tant de fois qu'enfin quelque moment...
ARNOLPHE.
Hé! mon Dieu, n'entrons point dans ce vain compliment.
Rien ne me fâche tant que ces cérémonies,
Et, si l'on m'en croyoit, elles seroient bannies.
C'est un maudit usage, et la plupart des gens
Y perdent sottement les deux tiers de leur temps.
Mettons donc sans façons. Hé bien! vos amourettes?
Puis-je, Seigneur Horace, apprendre où vous en êtes?
J'étois tantôt distrait par quelque vision;
Mais, depuis, là-dessus j'ai fait réflexion :
De vos premiers progrès j'admire la vitesse,
Et dans l'événement mon âme s'intéresse.
HORACE.
Ma foi, depuis qu'à vous s'est découvert mon cœur,
Il est à mon amour arrivé du malheur.
ARNOLPHE.
Oh! oh! comment cela?
HORACE.
La fortune cruelle
A ramené des champs le patron de la belle.
ARNOLPHE.
Quel malheur!
HORACE.
Et de plus, à mon très grand regret,
Il a su de nous deux le commerce secret.
ARNOLPHE.
D'où, diantre! a-t-il sitôt appris cette aventure?

HORACE.

Je ne sais; mais enfin c'est une chose sûre.
Je pensois aller rendre, à mon heure à peu près,
Ma petite visite à ses jeunes attraits,
Lorsque, changeant pour moi de ton et de visage,
Et servante et valet m'ont bouché le passage,
Et d'un : « Retirez-vous, vous nous importunez »,
M'ont assez rudement fermé la porte au nez.

ARNOLPHE.

La porte au nez!

HORACE.

Au nez.

ARNOLPHE.

La chose est un peu forte.

HORACE.

J'ai voulu leur parler au travers de la porte;
Mais à tous mes propos ce qu'ils ont répondu,
C'est : « Vous n'entrerez point, Monsieur l'a défendu. »

ARNOLPHE.

Ils n'ont donc point ouvert?

HORACE.

Non; et de la fenêtre
Agnès m'a confirmé le retour de ce maître
En me chassant de là d'un ton plein de fierté,
Accompagné d'un grès que sa main a jeté.

ARNOLPHE.

Comment, d'un grès?

HORACE.

D'un grès de taille non petite,

Dont on a par ses mains régalé ma visite.
ARNOLPHE.
Diantre! ce ne sont pas des prunes que cela,
Et je trouve fâcheux l'état où vous voilà.
HORACE.
Il est vrai, je suis mal par ce retour funeste.
ARNOLPHE.
Certes j'en suis fâché pour vous, je vous proteste.
HORACE.
Cet homme me rompt tout.
ARNOLPHE.
Oui, mais cela n'est rien,
Et de vous raccrocher vous trouverez moyen.
HORACE.
Il faut bien essayer par quelque intelligence
De vaincre du jaloux l'exacte vigilance.
ARNOLPHE.
Cela vous est facile, et la fille, après tout,
Vous aime?
HORACE.
Assurément.
ARNOLPHE.
Vous en viendrez à bout.
HORACE.
Je l'espère.
ARNOLPHE.
Le grès vous a mis en déroute;
Mais cela ne doit pas vous étonner.

HORACE.

Sans doute ;
Et j'ai compris d'abord que mon homme étoit là,
Qui, sans se faire voir, conduisoit tout cela.
Mais ce qui m'a surpris, et qui va vous surprendre,
C'est un autre incident que vous allez entendre,
Un trait hardi qu'a fait cette jeune beauté,
Et qu'on n'attendroit point de sa simplicité.
Il le faut avouer, l'amour est un grand maître.
Ce qu'on ne fut jamais, il nous enseigne à l'être,
Et souvent de nos mœurs l'absolu changement
Devient par ses leçons l'ouvrage d'un moment.
De la nature en nous il force les obstacles,
Et ses effets soudains ont de l'air des miracles :
D'un avare à l'instant il fait un libéral,
Un vaillant d'un poltron, un civil d'un brutal ;
Il rend agile à tout l'âme la plus pesante,
Et donne de l'esprit à la plus innocente.
Oui, ce dernier miracle éclate dans Agnès,
Car, tranchant avec moi par ces termes exprès :
« Retirez-vous, mon âme aux visites renonce ;
Je sais tous vos discours, et voilà ma réponse »,
Cette pierre, ou ce grès, dont vous vous étonniez,
Avec un mot de lettre est tombée à mes pieds ;
Et j'admire de voir cette lettre ajustée
Avec le sens des mots et la pierre jetée.
D'une telle action n'êtes-vous pas surpris ?
L'amour sait-il pas l'art d'aiguiser les esprits ?
Et peut-on me nier que ses flammes puissantes

Ne fassent dans un cœur des choses étonnantes?
Que dites-vous du tour et de ce mot d'écrit?
Euh! n'admirez-vous point cette adresse d'esprit?
Trouvez-vous pas plaisant de voir quel personnage
A joué mon jaloux dans tout ce badinage?
Dites.

ARNOLPHE.

Oui, fort plaisant.

HORACE.

Riez-en donc un peu.
(*Arnolphe rit d'un ris forcé.*)
Cet homme gendarmé d'abord contre mon feu,
Qui chez lui se retranche et de grès fait parade,
Comme si j'y voulois entrer par escalade;
Qui pour me repousser, dans son bizarre effroi,
Anime du dedans tous ses gens contre moi,
Et qu'abuse à ses yeux, par sa machine même,
Celle qu'il veut tenir dans l'ignorance extrême!
Pour moi, je vous l'avoue, encor que son retour
En un grand embarras jette ici mon amour,
Je tiens cela plaisant autant qu'on sauroit dire,
Je ne puis y songer sans de bon cœur en rire,
Et vous n'en riez pas assez, à mon avis.

ARNOLPHE, *avec un ris forcé*.

Pardonnez-moi, j'en ris tout autant que je puis.

HORACE.

Mais il faut qu'en ami je vous montre la lettre.
Tout ce que son cœur sent, sa main a su l'y mettre,
Mais en termes touchants et tous pleins de bonté,

De tendresse innocente et d'ingénuité,
De la manière enfin que la pure nature
Exprime de l'amour la première blessure.

ARNOLPHE, *bas*.

Voilà, friponne, à quoi l'écriture te sert,
Et contre mon dessein l'art t'en fut découvert.

HORACE *lit*.

Je veux vous écrire, et je suis bien en peine par où je m'y prendrai. J'ai des pensées que je désirerois que vous sussiez; mais je ne sais comment faire pour vous les dire, et je me défie de mes paroles. Comme je commence à connoître qu'on m'a toujours tenue dans l'ignorance, j'ai peur de mettre quelque chose qui ne soit pas bien, et d'en dire plus que je ne devrois. En vérité, je ne sais ce que vous m'avez fait, mais je sens que je suis fâchée à mourir de ce qu'on me fait faire contre vous, que j'aurai toutes les peines du monde à me passer de vous, et que je serois bien aise d'être à vous. Peut-être qu'il y a du mal à dire cela; mais enfin je ne puis m'empêcher de le dire, et je voudrois que cela se pût faire sans qu'il y en eût. On me dit fort que tous les jeunes hommes sont des trompeurs, qu'il ne les faut point écouter, et que tout ce que vous me dites n'est que pour m'abuser; mais je vous assure que je n'ai pu encore me figurer cela de vous, et je suis si touchée de vos paroles que je ne saurois croire qu'elles soient menteuses. Dites-moi franchement ce qui en est : car enfin, comme je suis sans malice, vous auriez le plus grand tort du monde si vous me trompiez, et je pense que j'en mourrois de déplaisir.

ARNOLPHE, *à part*.

Hon! chienne!

HORACE.

Qu'avez-vous?

ARNOLPHE.

Moi? rien; c'est que je tousse.

HORACE.

Avez-vous jamais vu d'expression plus douce?
Malgré les soins maudits d'un injuste pouvoir,
Un plus beau naturel peut-il se faire voir?
Et n'est-ce pas sans doute un crime punissable
De gâter méchamment ce fonds d'âme admirable,
D'avoir dans l'ignorance et la stupidité
Voulu de cet esprit étouffer la clarté?
L'amour a commencé d'en déchirer le voile,
Et si, par la faveur de quelque bonne étoile,
Je puis, comme j'espère, à ce franc animal,
Ce traître, ce bourreau, ce faquin, ce brutal...

ARNOLPHE.

Adieu.

HORACE.

   Comment! si vite?

ARNOLPHE.

               Il m'est dans la pensée
Venu tout maintenant une affaire pressée.

HORACE.

Mais ne sauriez-vous point, comme on la tient de près,
Qui dans cette maison pourroit avoir accès?
J'en use sans scrupule, et ce n'est pas merveille
Qu'on se puisse entre amis servir à la pareille.
Je n'ai plus là dedans que gens pour m'observer,
Et servante et valet, que je viens de trouver,
N'ont jamais, de quelque air que je m'y sois pu prendre,
Adouci leur rudesse à me vouloir entendre.
J'avois pour de tels coups certaine vieille en main,

D'un génie, à vrai dire, au-dessus de l'humain :
Elle m'a dans l'abord servi de bonne sorte,
Mais depuis quatre jours la pauvre femme est morte.
Ne me pourriez-vous point ouvrir quelque moyen ?
            ARNOLPHE.
Non, vraiment, et sans moi vous en trouverez bien.
            HORACE.
Adieu donc. Vous voyez ce que je vous confie.

SCÈNE V

ARNOLPHE.

Comme il faut devant lui que je me mortifie !
Quelle peine à cacher mon déplaisir cuisant !
Quoi ! pour une innocente, un esprit si présent !
Elle a feint d'être telle à mes yeux, la traîtresse,
Ou le diable à son âme a soufflé cette adresse.
Enfin me voilà mort par ce funeste écrit.
Je vois qu'il a, le traître, empaumé son esprit,
Qu'à ma suppression il s'est ancré chez elle,
Et c'est mon désespoir et ma peine mortelle.
Je souffre doublement dans le vol de son cœur,
Et l'amour y pâtit aussi bien que l'honneur.
J'enrage de trouver cette place usurpée,
Et j'enrage de voir ma prudence trompée.
Je sais que pour punir son amour libertin
Je n'ai qu'à laisser faire à son mauvais destin,

Que je serai vengé d'elle par elle-même ;
Mais il est bien fâcheux de perdre ce qu'on aime.
Ciel ! puisque pour un choix j'ai tant philosophé,
Faut-il de ses appas m'être si fort coiffé !
Elle n'a ni parents, ni support, ni richesse ;
Elle trahit mes soins, mes bontés, ma tendresse ;
Et cependant je l'aime, après ce lâche tour,
Jusqu'à ne me pouvoir passer de cet amour.
Sot, n'as-tu point de honte? Ah ! je crève, j'enrage,
Et je souffletterois mille fois mon visage.
Je veux entrer un peu, mais seulement pour voir
Quelle est sa contenance après un trait si noir.
Ciel ! faites que mon front soit exempt de disgrâce,
Ou bien, s'il est écrit qu'il faille que j'y passe,
Donnez-moi, tout au moins, pour de tels accidents,
La constance qu'on voit à de certaines gens.

ACTE IV

SCÈNE PREMIÈRE

ARNOLPHE.

J'ai peine, je l'avoue, à demeurer en place,
Et de mille soucis mon esprit s'embarrasse
Pour pouvoir mettre un ordre et dedans et dehors
Qui du godelureau rompe tous les efforts.
De quel œil la traîtresse a soutenu ma vue !
De tout ce qu'elle a fait elle n'est point émue,
Et, bien qu'elle me mette à deux doigts du trépas,
On diroit, à la voir, qu'elle n'y touche pas.
Plus en la regardant je la voyois tranquille,
Plus je sentois en moi s'échauffer une bile ;
Et ces bouillants transports dont s'enflammoit mon cœur
Y sembloient redoubler mon amoureuse ardeur.
J'étois aigri, fâché, désespéré contre elle,
Et cependant jamais je ne la vis si belle ;
Jamais ses yeux aux miens n'ont paru si perçants,

Jamais je n'eus pour eux des désirs si pressants.
Et je sens là dedans qu'il faudra que je crève
Si de mon triste sort la disgrâce s'achève.
Quoi! j'aurai dirigé son éducation
Avec tant de tendresse et de précaution,
Je l'aurai fait passer chez moi dès son enfance,
Et j'en aurai chéri la plus tendre espérance,
Mon cœur aura bâti sur ses attraits naissants,
Et cru la mitonner pour moi durant treize ans,
Afin qu'un jeune fou dont elle s'amourache
Me la vienne enlever jusque sur la moustache,
Lorsqu'elle est avec moi mariée à demi?
Non, parbleu! non, parbleu! Petit sot, mon ami,
Vous aurez beau tourner, ou j'y perdrai mes peines,
Ou je rendrai, ma foi, vos espérances vaines,
Et de moi tout à fait vous ne vous rirez point.

SCÈNE II

LE NOTAIRE, ARNOLPHE.

Le Notaire.

Ah! le voilà! Bonjour : me voici tout à point
Pour dresser le contrat que vous souhaitez faire.

Arnolphe, *sans le voir.*

Comment faire?

Le Notaire.

Il le faut dans la forme ordinaire.

ARNOLPHE, *sans le voir.*
A mes précautions je veux songer de près.
LE NOTAIRE.
Je ne passerai rien contre vos intérêts.
ARNOLPHE, *sans le voir.*
Il se faut garantir de toutes les surprises.
LE NOTAIRE.
Suffit qu'entre mes mains vos affaires soient mises.
Il ne vous faudra point, de peur d'être déçu,
Quittancer le contrat que vous n'ayez reçu.
ARNOLPHE, *sans le voir.*
J'ai peur, si je vais faire éclater quelque chose,
Que de cet incident par la ville on ne cause.
LE NOTAIRE.
Eh bien, il est aisé d'empêcher cet éclat,
Et l'on peut en secret faire votre contrat.
ARNOLPHE, *sans le voir.*
Mais comment faudra-t-il qu'avec elle j'en sorte?
LE NOTAIRE.
Le douaire se règle au bien qu'on vous apporte.
ARNOLPHE, *sans le voir.*
Je l'aime, et cet amour est mon grand embarras.
LE NOTAIRE.
On peut avantager une femme, en ce cas.
ARNOLPHE, *sans le voir.*
Quel traitement lui faire en pareille aventure?
LE NOTAIRE.
L'ordre est que le futur doit douer la future
Du tiers du dot qu'elle a; mais cet ordre n'est rien,

Et l'on va plus avant lorsque l'on le veut bien.
    ARNOLPHE, *sans le voir.*
Si...
    LE NOTAIRE (*Arnolphe l'apercevant*).
Pour le préciput, il les regarde ensemble.
Je dis que le futur peut, comme bon lui semble,
Douer la future.
    ARNOLPHE, *l'ayant aperçu.*
Euh !
    LE NOTAIRE.
     Il peut l'avantager
Lorsqu'il l'aime beaucoup et qu'il veut l'obliger,
Et cela par douaire, ou préfix, qu'on appelle,
Qui demeure perdu par le trépas d'icelle,
Ou sans retour, qui va de ladite à ses hoirs,
Ou coutumier, selon les différents vouloirs ;
Ou par donation dans le contrat formelle,
Qu'on fait ou pure et simple, ou qu'on fait mutuelle.
Pourquoi hausser le dos ? Est-ce qu'on parle en fat,
Et que l'on ne sait pas les formes d'un contrat ?
Qui me les apprendra ? Personne, je présume.
Sais-je pas qu'étant joints, on est par la Coutume
Communs en meubles, biens, immeubles et conquêts,
A moins que par un acte on y renonce exprès ?
Sais-je pas que le tiers du bien de la future
Entre en communauté pour...
    ARNOLPHE.
      Oui, c'est chose sûre,
Vous savez tout cela ; mais qui vous en dit mot ?

LE NOTAIRE.

Vous, qui me prétendez faire passer pour sot,
En me haussant l'épaule et faisant la grimace.

ARNOLPHE.

La peste soit fait l'homme, et sa chienne de face !
Adieu : c'est le moyen de vous faire finir.

LE NOTAIRE.

Pour dresser un contrat m'a-t-on pas fait venir?

ARNOLPHE.

Oui, je vous ai mandé; mais la chose est remise,
Et l'on vous mandera quand l'heure sera prise.
Voyez quel diable d'homme avec son entretien !

LE NOTAIRE.

Je pense qu'il en tient, et je crois penser bien.

SCÈNE III

LE NOTAIRE, ALAIN, GEORGETTE, ARNOLPHE.

LE NOTAIRE.

M'êtes-vous pas venu querir pour votre maître?

ALAIN.

Oui.

LE NOTAIRE.

J'ignore pour qui vous le pouvez connaître,
Mais allez de ma part lui dire de ce pas

Que c'est un fou fieffé.

GEORGETTE.

Nous n'y manquerons pas.

SCÈNE IV

ALAIN, GEORGETTE, ARNOLPHE.

ALAIN.

Monsieur...

ARNOLPHE.

Approchez-vous; vous êtes mes fidèles,
Mes bons, mes vrais amis, et j'en sais des nouvelles.

ALAIN.

Le notaire...

ARNOLPHE.

Laissons, c'est pour quelque autre jour.
On veut à mon honneur jouer d'un mauvais tour;
Et quel affront pour vous, mes enfants, pourroit-ce être,
Si l'on avoit ôté l'honneur à votre maître !
Vous n'oseriez après paroître en nul endroit,
Et chacun, vous voyant, vous montreroit au doigt.
Donc, puisque autant que moi l'affaire vous regarde,
Il faut de votre part faire une telle garde
Que ce galant ne puisse en aucune façon...

GEORGETTE.

Vous nous avez tantôt montré notre leçon.

ACTE IV, SCÈNE IV

ARNOLPHE.
Mais à ses beaux discours gardez bien de vous rendre.
ALAIN.
Oh ! vraiment.
GEORGETTE.
Nous savons comme il faut s'en défendre.
ARNOLPHE, *à Alain.*
S'il venoit doucement : « Alain, mon pauvre cœur,
Par un peu de secours soulage ma langueur. »
ALAIN.
« Vous êtes un sot. »
ARNOLPHE. (*A Georgette.*)
Bon ! « Georgette, ma mignonne,
Tu me parois si douce et si bonne personne. »
GEORGETTE.
« Vous êtes un nigaud. »
ARNOLPHE. (*A Alain.*)
Bon ! « Quel mal trouves-tu
Dans un dessein honnête et tout plein de vertu ? »
ALAIN.
« Vous êtes un fripon. »
ARNOLPHE. (*A Georgette.*)
Fort bien. « Ma mort est sûre
Si tu ne prends pitié des peines que j'endure. »
GEORGETTE.
« Vous êtes un benêt, un impudent. »
ARNOLPHE.
Fort bien.
« Je ne suis pas un homme à vouloir rien pour rien,

Je sais, quand on me sert, en garder la mémoire ;
Cependant par avance, Alain, voilà pour boire,
Et voilà pour t'avoir, Georgette, un cotillon.
 (*Ils tendent tous deux la main, et prennent l'argent.*)
Ce n'est de mes bienfaits qu'un simple échantillon.
Toute la courtoisie, enfin, dont je vous presse,
C'est que je puisse voir votre belle maîtresse. »

GEORGETTE, *le poussant.*

« A d'autres ! »

ARNOLPHE.

Bon cela !

ALAIN, *le poussant.*

« Hors d'ici ! »

ARNOLPHE.

Bon !

GEORGETTE, *le poussant.*

« Mais tôt ! »

ARNOLPHE.

Bon ! Holà ! c'est assez.

GEORGETTE.

Fais-je pas comme il faut ?

ALAIN.

Est-ce de la façon que vous voulez l'entendre ?

ARNOLPHE.

Oui, fort bien, hors l'argent, qu'il ne falloit pas prendre.

GEORGETTE.

Nous ne nous sommes pas souvenus de ce point.

ALAIN.

Voulez-vous qu'à l'instant nous recommencions ?

ARNOLPHE.

Point :
Suffit. Rentrez tous deux.

ALAIN.

Vous n'avez rien qu'à dire.

ARNOLPHE.

Non, vous dis-je, rentrez, puisque je le désire.
Je vous laisse l'argent. Allez, je vous rejoins.
Ayez bien l'œil à tout, et secondez mes soins.

SCÈNE V

ARNOLPHE.

Je veux pour espion qui soit d'exacte vue
Prendre le savetier du coin de notre rue.
Dans la maison toujours je prétends la tenir,
Y faire bonne garde, et surtout en bannir
Vendeuses de ruban, perruquières, coiffeuses,
Faiseuses de mouchoirs, gantières, revendeuses,
Tous ces gens qui sous main travaillent chaque jour
A faire réussir les mystères d'amour.
Enfin j'ai vu le monde, et j'en sais les finesses.
Il faudra que mon homme ait de grandes adresses
Si message ou poulet de sa part peut entrer.

SCÈNE VI

HORACE, ARNOLPHE.

HORACE.

La place m'est heureuse à vous y rencontrer.
Je viens de l'échapper bien belle, je vous jure.
Au sortir d'avec vous, sans prévoir l'aventure,
Seule dans son balcon j'ai vu paroître Agnès,
Qui des arbres prochains prenoit un peu le frais.
Après m'avoir fait signe, elle a su faire en sorte,
Descendant au jardin, de m'en ouvrir la porte ;
Mais à peine tous deux dans sa chambre étions-nous
Qu'elle a sur les degrés entendu son jaloux ;
Et tout ce qu'elle a pu, dans un tel accessoire,
C'est de me renfermer dans une grande armoire.
Il est entré d'abord : je ne le voyois pas,
Mais je l'oyois marcher, sans rien dire, à grands pas,
Poussant de temps en temps des soupirs pitoyables,
Et donnant quelquefois de grands coups sur les tables,
Frappant un petit chien qui pour lui s'émouvoit,
Et jetant brusquement les hardes qu'il trouvoit ;
Il a même cassé, d'une main mutinée,
Des vases dont la belle ornoit sa cheminée ;
Et sans doute il faut bien qu'à ce becque cornu
Du trait qu'elle a joué quelque jour soit venu.
Enfin, après cent tours, ayant de la manière

Sur ce qui n'en peut mais déchargé sa colère,
Mon jaloux, inquiet, sans dire son ennui,
Est sorti de la chambre, et moi de mon étui.
Nous n'avons point voulu, de peur du personnage,
Risquer à nous tenir ensemble davantage :
C'étoit trop hasarder; mais je dois, cette nuit,
Dans sa chambre un peu tard m'introduire sans bruit.
En toussant par trois fois je me ferai connaître,
Et je dois au signal voir ouvrir la fenêtre,
Dont, avec une échelle, et secondé d'Agnès,
Mon amour tâchera de me gagner l'accès.
Comme à mon seul ami, je veux bien vous l'apprendre.
L'allégresse du cœur s'augmente à la répandre,
Et, goûtât-on cent fois un bonheur tout parfait,
On n'en est pas content si quelqu'un ne le sait.
Vous prendrez part, je pense, à l'heur de mes affaires.
Adieu, je vais songer aux choses nécessaires.

SCÈNE VII

ARNOLPHE.

Quoi! l'astre qui s'obstine à me désespérer
Ne me donnera pas le temps de respirer!
Coup sur coup je verrai par leur intelligence
De mes soins vigilants confondre la prudence!
Et je serai la dupe, en ma maturité,
D'une jeune innocente et d'un jeune éventé!

En sage philosophe on m'a vu vingt années
Contempler des maris les tristes destinées,
Et m'instruire avec soin de tous les accidents
Qui font dans le malheur tomber les plus prudents;
Des disgrâces d'autrui profitant dans mon âme,
J'ai cherché les moyens, voulant prendre une femme,
De pouvoir garantir mon front de tous affronts,
Et le tirer de pair d'avec les autres fronts;
Pour ce noble dessein j'ai cru mettre en pratique
Tout ce que peut trouver l'humaine politique;
Et, comme si du sort il étoit arrêté
Que nul homme ici-bas n'en seroit exempté,
Après l'expérience et toutes les lumières
Que j'ai pu m'acquérir sur de telles matières,
Après vingt ans et plus de méditation
Pour me conduire en tout avec précaution,
De tant d'autres maris j'aurois quitté la trace,
Pour me trouver après dans la même disgrâce!
Ah! bourreau de destin, vous en aurez menti.
De l'objet qu'on poursuit je suis encor nanti.
Si son cœur m'est volé par ce blondin funeste,
J'empêcherai du moins qu'on s'empare du reste,
Et cette nuit, qu'on prend pour ce galant exploit,
Ne se passera pas si doucement qu'on croit.
Ce m'est quelque plaisir, parmi tant de tristesse,
Que l'on me donne avis du piège qu'on me dresse,
Et que cet étourdi, qui veut m'être fatal,
Fasse son confident de son propre rival.

SCÈNE VIII

CHRYSALDE, ARNOLPHE.

CHRYSALDE.
Hé bien! souperons-nous avant la promenade?
ARNOLPHE.
Non, je jeûne ce soir.
CHRYSALDE.
D'où vient cette boutade?
ARNOLPHE.
De grâce, excusez-moi; j'ai quelque autre embarras.
CHRYSALDE.
Votre hymen résolu ne se fera-t-il pas?
ARNOLPHE.
C'est trop s'inquiéter des affaires des autres.
CHRYSALDE.
Oh! oh! si brusquement! Quels chagrins sont les vôtres?
Seroit-il point, compère, à votre passion
Arrivé quelque peu de tribulation?
Je le jurerois presque à voir votre visage.
ARNOLPHE.
Quoi qu'il m'arrive, au moins aurai-je l'avantage
De ne pas ressembler à de certaines gens
Qui souffrent doucement l'approche des galants.
CHRYSALDE.
C'est un étrange fait qu'avec tant de lumières

Vous vous effarouchiez toujours sur ces matières ;
Qu'en cela vous mettiez le souverain bonheur,
Et ne conceviez point au monde d'autre honneur.
Être avare, brutal, fourbe, méchant et lâche,
N'est rien, à votre avis, auprès de cette tache,
Et, de quelque façon qu'on puisse avoir vécu,
On est homme d'honneur quand on n'est point cocu.
A le bien prendre, au fond, pourquoi voulez-vous croire
Que de ce cas fortuit dépende notre gloire,
Et qu'une âme bien née ait à se reprocher
L'injustice d'un mal qu'on ne peut empêcher ?
Pourquoi voulez-vous, dis-je, en prenant une femme,
Qu'on soit digne, à son choix, de louange ou de blâme,
Et qu'on s'aille former un monstre plein d'effroi
De l'affront que nous fait son manquement de foi ?
Mettez-vous dans l'esprit qu'on peut du cocuage
Se faire en galant homme une plus douce image,
Que, des coups du hasard aucun n'étant garant,
Cet accident, de soi, doit être indifférent,
Et qu'enfin tout le mal, quoi que le monde glose,
N'est que dans la façon de recevoir la chose ;
Et, pour se bien conduire en ces difficultés,
Il y faut, comme en tout, fuir les extrémités,
N'imiter pas ces gens un peu trop débonnaires
Qui tirent vanité de ces sortes d'affaires,
De leurs femmes toujours vont citant les galants,
En font partout l'éloge et prônent leurs talents,
Témoignent avec eux d'étroites sympathies,
Sont de tous leurs cadeaux, de toutes leurs parties,

Et font qu'avec raison les gens sont étonnés
De voir leur hardiesse à montrer là leur nez.
Ce procédé, sans doute, est tout à fait blâmable;
Mais l'autre extrémité n'est pas moins condamnable.
Si je n'approuve pas ces amis des galants,
Je ne suis pas aussi pour ces gens turbulents
Dont l'imprudent chagrin, qui tempête et qui gronde,
Attire au bruit qu'il fait les yeux de tout le monde,
Et qui par cet éclat semblent ne pas vouloir
Qu'aucun puisse ignorer ce qu'ils peuvent avoir.
Entre ces deux partis il en est un honnête
Où, dans l'occasion, l'homme prudent s'arrête,
Et, quand on le sait prendre, on n'a point à rougir
Du pis dont une femme avec nous puisse agir.
Quoi qu'on en puisse dire, enfin, le cocuage
Sous des traits moins affreux aisément s'envisage;
Et, comme je vous dis, toute l'habileté
Ne va qu'à le savoir tourner du bon côté.

ARNOLPHE.

Après ce beau discours, toute la confrérie
Doit un remercîment à Votre Seigneurie;
Et quiconque voudra vous entendre parler
Montrera de la joie à s'y voir enrôler.

CHRYSALDE.

Je ne dis pas cela, car c'est ce que je blâme;
Mais, comme c'est le sort qui nous donne une femme,
Je dis que l'on doit faire ainsi qu'au jeu de dés,
Où, s'il ne vous vient pas ce que vous demandez,
Il faut jouer d'adresse, et, d'une âme réduite,

Corriger le hasard par la bonne conduite.
####### ARNOLPHE.
C'est-à-dire dormir et manger toujours bien,
Et se persuader que tout cela n'est rien.
####### CHRYSALDE.
Vous pensez vous moquer ; mais, à ne vous rien feindre,
Dans le monde je vois cent choses plus à craindre,
Et dont je me ferois un bien plus grand malheur
Que de cet accident qui vous fait tant de peur.
Pensez-vous qu'à choisir de deux choses prescrites,
Je n'aimasse pas mieux être ce que vous dites
Que de me voir mari de ces femmes de bien
Dont la mauvaise humeur fait un procès sur rien,
Ces dragons de vertu, ces honnêtes diablesses,
Se retranchant toujours sur leurs sages prouesses,
Qui, pour un petit tort qu'elles ne nous font pas,
Prennent droit de traiter les gens de haut en bas,
Et veulent, sur le pied de nous être fidèles,
Que nous soyons tenus à tout endurer d'elles?
Encore un coup, compère, apprenez qu'en effet
Le cocuage n'est que ce que l'on le fait,
Qu'on peut le souhaiter pour de certaines causes,
Et qu'il a ses plaisirs comme les autres choses.
####### ARNOLPHE.
Si vous êtes d'humeur à vous en contenter,
Quant à moi, ce n'est pas la mienne d'en tâter ;
Et, plutôt que subir une telle aventure...
####### CHRYSALDE.
Mon Dieu! ne jurez point, de peur d'être parjure.

Si le sort l'a réglé, vos soins sont superflus,
Et l'on ne prendra pas votre avis là-dessus.

ARNOLPHE.

Moi, je serois cocu?

CHRYSALDE.

Vous voilà bien malade !
Mille gens le sont bien, sans vous faire bravade,
Qui de mine, de cœur, de biens et de maison,
Ne feroient avec vous nulle comparaison.

ARNOLPHE.

Et moi je n'en voudrois avec eux faire aucune.
Mais cette raillerie, en un mot, m'importune :
Brisons là, s'il vous plaît.

CHRYSALDE.

Vous êtes en courroux.
Nous en saurons la cause. Adieu. Souvenez-vous,
Quoi que sur ce sujet votre honneur vous inspire,
Que c'est être à demi ce que l'on vient de dire
Que de vouloir jurer qu'on ne le sera pas.

ARNOLPHE.

Moi, je le jure encore, et je vais de ce pas
Contre cet accident trouver un bon remède.

SCÈNE IX

ALAIN, GEORGETTE, ARNOLPHE.

ARNOLPHE.

Mes amis, c'est ici que j'implore votre aide.
Je suis édifié de votre affection;
Mais il faut qu'elle éclate en cette occasion;
Et, si vous m'y servez selon ma confiance,
Vous êtes assurés de votre récompense.
L'homme que vous savez (n'en faites point de bruit)
Veut, comme je l'ai su, m'attraper cette nuit,
Dans la chambre d'Agnès entrer par escalade;
Mais il lui faut, nous trois, dresser une embuscade;
Je veux que vous preniez chacun un bon bâton,
Et, quand il sera près du dernier échelon
(Car dans le temps qu'il faut j'ouvrirai la fenêtre),
Que tous deux à l'envi vous me chargiez ce traître,
Mais d'un air dont son dos garde le souvenir,
Et qui lui puisse apprendre à n'y plus revenir,
Sans me nommer pourtant en aucune manière,
Ni faire aucun semblant que je serai derrière.
Aurez-vous bien l'esprit de servir mon courroux?

ALAIN.

S'il ne tient qu'à frapper, mon Dieu, tout est à nous.
Vous verrez, quand je bats, si j'y vais de main morte.

GEORGETTE.
La mienne, quoique aux yeux elle semble moins forte,
N'en quitte pas sa part à le bien étriller.
ARNOLPHE.
Rentrez donc, et surtout gardez de babiller.
Voilà pour le prochain une leçon utile,
Et, si tous les maris qui sont en cette ville
De leurs femmes ainsi recevoient le galant,
Le nombre des cocus ne seroit pas si grand.

ACTE V

SCÈNE PREMIÈRE

ALAIN, GEORGETTE, ARNOLPHE.

ARNOLPHE.

Traitres, qu'avez-vous fait par cette violence?
ALAIN.
Nous vous avons rendu, Monsieur, obéissance.
ARNOLPHE.
De cette excuse en vain vous voulez vous armer.
L'ordre étoit de le battre, et non de l'assommer,
Et c'étoit sur le dos, et non pas sur la tête,
Que j'avois commandé qu'on fît choir la tempête.
Ciel! dans quel accident me jette ici le sort!
Et que puis-je résoudre à voir cet homme mort?
Rentrez dans la maison, et gardez de rien dire
De cet ordre innocent que j'ai pu vous prescrire.
Le jour s'en va paroître, et je vais consulter

Comment dans ce malheur je me dois comporter.
Hélas! que deviendrai-je? et que dira le père
Lorsque inopinément il saura cette affaire?

SCÈNE II
HORACE, ARNOLPHE.

HORACE.
Il faut que j'aille un peu reconnoître qui c'est.
ARNOLPHE.
Eût-on jamais prévu...? Qui va là, s'il vous plaît?
HORACE.
C'est vous, Seigneur Arnolphe?
ARNOLPHE.
      Oui; mais vous...
HORACE.
         C'est Horace.
Je m'en allois chez vous vous prier d'une grâce.
Vous sortez bien matin!
ARNOLPHE, *bas*.
      Quelle confusion!
Est-ce un enchantement? est-ce une illusion?
HORACE.
J'étois, à dire vrai, dans une grande peine,
Et je bénis du Ciel la bonté souveraine
Qui fait qu'à point nommé je vous rencontre ainsi.
Je viens vous avertir que tout a réussi,

Et même beaucoup plus que je n'eusse osé dire,
Et par un incident qui devoit tout détruire.
Je ne sais point par où l'on a pu soupçonner
Cette assignation qu'on m'avoit su donner;
Mais, étant sur le point d'atteindre à la fenêtre,
J'ai, contre mon espoir, vu quelques gens paraître,
Qui, sur moi brusquement levant chacun le bras,
M'ont fait manquer le pied et tomber jusqu'en bas;
Et ma chute, aux dépens de quelque meurtrissure,
De vingt coups de bâton m'a sauvé l'aventure.
Ces gens-là, dont étoit, je pense, mon jaloux,
Ont imputé ma chute à l'effort de leurs coups;
Et, comme la douleur, un assez long espace,
M'a fait sans remuer demeurer sur la place,
Ils ont cru tout de bon qu'ils m'avoient assommé,
Et chacun d'eux s'en est aussitôt alarmé.
J'entendois tout leur bruit dans le profond silence :
L'un l'autre ils s'accusoient de cette violence,
Et sans lumière aucune, en querellant le sort,
Sont venus doucement tâter si j'étois mort.
Je vous laisse à penser si, dans la nuit obscure,
J'ai d'un vrai trépassé su tenir la figure.
Ils se sont retirés avec beaucoup d'effroi;
Et, comme je songeois à me retirer, moi,
De cette feinte mort la jeune Agnès émue
Avec empressement est devers moi venue :
Car les discours qu'entre eux ces gens avoient tenus
Jusques à son oreille étoient d'abord venus,
Et, pendant tout ce trouble étant moins observée,

Du logis aisément elle s'étoit sauvée.
Mais, me trouvant sans mal, elle a fait éclater
Un transport difficile à bien représenter.
Que vous dirai-je? Enfin cette aimable personne
A suivi les conseils que son amour lui donne,
N'a plus voulu songer à retourner chez soi,
Et de tout son destin s'est commise à ma foi.
Considérez un peu, par ce trait d'innocence,
Où l'expose d'un fou la haute impertinence,
Et quels fâcheux périls elle pourroit courir
Si j'étois maintenant homme à la moins chérir.
Mais d'un trop pur amour mon âme est embrasée;
J'aimerois mieux mourir que l'avoir abusée;
Je lui vois des appas dignes d'un autre sort,
Et rien ne m'en sauroit séparer que la mort.
Je prévois là-dessus l'emportement d'un père,
Mais nous prendrons le temps d'apaiser sa colère.
A des charmes si doux je me laisse emporter,
Et dans la vie, enfin, il se faut contenter.
Ce que je veux de vous, sous un secret fidèle,
C'est que je puisse mettre en vos mains cette belle,
Que dans votre maison, en faveur de mes feux,
Vous lui donniez retraite au moins un jour ou deux.
Outre qu'aux yeux du monde il faut cacher sa fuite,
Et qu'on en pourra faire une exacte poursuite,
Vous savez qu'une fille aussi de sa façon
Donne avec un jeune homme un étrange soupçon;
Et, comme c'est à vous, sûr de votre prudence,
Que j'ai fait de mes feux entière confidence,

C'est à vous seul aussi, comme ami généreux,
Que je puis confier ce dépôt amoureux.

ARNOLPHE.

Je suis, n'en doutez point, tout à votre service.

HORACE.

Vous voulez bien me rendre un si charmant office?

ARNOLPHE.

Très volontiers, vous dis-je, et je me sens ravir
De cette occasion que j'ai de vous servir;
Je rends grâces au Ciel de ce qu'il me l'envoie,
Et n'ai jamais rien fait avec si grande joie.

HORACE.

Que je suis redevable à toutes vos bontés!
J'avois de votre part craint des difficultés;
Mais vous êtes du monde, et, dans votre sagesse,
Vous savez excuser le feu de la jeunesse.
Un de mes gens la garde au coin de ce détour.

ARNOLPHE.

Mais comment ferons-nous? car il fait un peu jour.
Si je la prends ici, l'on me verra peut-être,
Et, s'il faut que chez moi vous veniez à paraître,
Des valets causeront. Pour jouer au plus sûr,
Il faut me l'amener dans un lieu plus obscur :
Mon allée est commode, et je l'y vais attendre.

HORACE.

Ce sont précautions qu'il est fort bon de prendre.
Pour moi, je ne ferai que vous la mettre en main,
Et chez moi sans éclat je retourne soudain.

ARNOLPHE, *seul.*

Ah ! fortune ! ce trait d'aventure propice
Répare tous les maux que m'a faits ton caprice.

SCÈNE III

AGNÈS, HORACE, ARNOLPHE.

HORACE.

Ne soyez point en peine où je vais vous mener,
C'est un logement sûr que je vous fais donner;
Vous loger avec moi, ce seroit tout détruire :
Entrez dans cette porte, et laissez-vous conduire.

(*Arnolphe lui prend la main sans qu'elle le reconnoisse.*)

AGNÈS.

Pourquoi me quittez-vous?

HORACE.

Chère Agnès, il le faut.

AGNÈS.

Songez donc, je vous prie, à revenir bientôt.

HORACE.

J'en suis assez pressé par ma flamme amoureuse.

AGNÈS.

Quand je ne vous vois point, je ne suis point joyeuse.

HORACE.

Hors de votre présence on me voit triste aussi.

AGNÈS.

Hélas! s'il étoit vrai, vous resteriez ici.

HORACE.

Quoi! vous pourriez douter de mon amour extrême?

AGNÈS.

Non, vous ne m'aimez pas autant que je vous aime.
(*Arnolphe la tire.*)
Ah! l'on me tire trop.

HORACE.

C'est qu'il est dangereux,
Chère Agnès, qu'en ce lieu nous soyons vus tous deux,
Et le parfait ami de qui la main vous presse
Suit le zèle prudent qui pour nous l'intéresse.

AGNÈS.

Mais suivre un inconnu que...

HORACE.

N'appréhendez rien :
Entre de telles mains vous ne serez que bien.

AGNÈS.

Je me trouverois mieux entre celles d'Horace,
Et j'aurois...
(*A Arnolphe qui la tire encore.*)
Attendez.

HORACE.

Adieu, le jour me chasse.

AGNÈS.

Quand vous verrai-je donc?

HORACE.

Bientôt, assurément.

AGNÈS.
Que je vais m'ennuyer jusques à ce moment!
HORACE.
Grâce au Ciel, mon bonheur n'est plus en concurrence,
Et je puis maintenant dormir en assurance.

SCÈNE IV

ARNOLPHE, AGNÈS.

ARNOLPHE, *le nez dans son manteau.*
Venez, ce n'est pas là que je vous logerai,
Et votre gîte ailleurs est par moi préparé;
Je prétends en lieu sûr mettre votre personne.
Me connoissez-vous?
AGNÈS, *le reconnoissant.*
Hay!
ARNOLPHE.
Mon visage, friponne,
Dans cette occasion rend vos sens effrayés,
Et c'est à contre-cœur qu'ici vous me voyez :
Je trouble en ses projets l'amour qui vous possède.
(*Agnès regarde si elle ne verra point Horace.*)
N'appelez point des yeux le galant à votre aide,
Il est trop éloigné pour vous donner secours.
Ah! ah! si jeune encor, vous jouez de ces tours!
Votre simplicité, qui semble sans pareille,
Demande si l'on fait les enfants par l'oreille,

Et vous savez donner des rendez-vous la nuit,
Et pour suivre un galant vous évader sans bruit.
Tudieu! comme avec lui votre langue cajole!
Il faut qu'on vous ait mise à quelque bonne école.
Qui diantre tout d'un coup vous en a tant appris?
Vous ne craignez donc plus de trouver des esprits?
Et ce galant la nuit vous a donc enhardie?
Ah! coquine, en venir à cette perfidie!
Malgré tous mes bienfaits former un tel dessein!
Petit serpent que j'ai réchauffé dans mon sein,
Et qui, dès qu'il se sent, par une humeur ingrate,
Cherche à faire du mal à celui qui le flatte!

AGNÈS.

Pourquoi me criez-vous?

ARNOLPHE.

J'ai grand tort, en effet.

AGNÈS.

Je n'entends point de mal dans tout ce que j'ai fait.

ARNOLPHE.

Suivre un galant n'est pas une action infâme?

AGNÈS.

C'est un homme qui dit qu'il me veut pour sa femme :
J'ai suivi vos leçons, et vous m'avez prêché
Qu'il se faut marier pour ôter le péché.

ARNOLPHE.

Oui; mais pour femme moi je prétendois vous prendre,
Et je vous l'avois fait, me semble, assez entendre.

AGNÈS.

Oui; mais, à vous parler franchement entre nous,

ACTE V, SCÈNE IV

Il est plus pour cela selon mon goût que vous.
Chez vous le mariage est fâcheux et pénible,
Et vos discours en font une image terrible;
Mais, las! il le fait, lui, si rempli de plaisirs
Que de se marier il donne des désirs.

ARNOLPHE.

Ah! c'est que vous l'aimez, traîtresse.

AGNÈS.

Oui, je l'aime.

ARNOLPHE.

Et vous avez le front de le dire à moi-même!

AGNÈS.

Et pourquoi, s'il est vrai, ne le dirois-je pas?

ARNOLPHE.

Le deviez-vous aimer, impertinente?

AGNÈS.

Hélas!
Est-ce que j'en puis mais? Lui seul en est la cause,
Et je n'y songeois pas lorsque se fit la chose.

ARNOLPHE.

Mais il falloit chasser cet amoureux désir.

AGNÈS.

Le moyen de chasser ce qui fait du plaisir?

ARNOLPHE.

Et ne saviez-vous pas que c'étoit me déplaire?

AGNÈS.

Moi? point du tout; quel mal cela vous peut-il faire?

ARNOLPHE.

Il est vrai, j'ai sujet d'en être réjoui.

Vous ne m'aimez donc pas, à ce compte?
AGNÈS.
Vous?
ARNOLPHE.
Oui.
AGNÈS.
Hélas! non.
ARNOLPHE.
Comment, non?
AGNÈS.
Voulez-vous que je mente?
ARNOLPHE.
Pourquoi ne m'aimer pas, Madame l'impudente?
AGNÈS.
Mon Dieu! ce n'est pas moi que vous devez blâmer:
Que ne vous êtes-vous comme lui fait aimer?
Je ne vous en ai pas empêché, que je pense.
ARNOLPHE.
Je m'y suis efforcé de toute ma puissance;
Mais les soins que j'ai pris, je les ai perdus tous.
AGNÈS.
Vraiment, il en sait donc là-dessus plus que vous,
Car à se faire aimer il n'a point eu de peine.
ARNOLPHE.
Voyez comme raisonne et répond la vilaine!
Peste! une précieuse en diroit-elle plus?
Ah! je l'ai mal connue, ou, ma foi, là-dessus
Une sotte en sait plus que le plus habile homme.
Puisque en raisonnement votre esprit se consomme,

La belle raisonneuse, est-ce qu'un si long temps
Je vous aurai pour lui nourrie à mes dépens?
AGNÈS.
Non, il vous rendra tout jusques au dernier double.
ARNOLPHE.
Elle a de certains mots où mon dépit redouble.
Me rendra-t-il, coquine, avec tout son pouvoir,
Les obligations que vous pouvez m'avoir?
AGNÈS.
Je ne vous en ai pas de si grandes qu'on pense.
ARNOLPHE.
N'est-ce rien que les soins d'élever votre enfance?
AGNÈS.
Vous avez là dedans bien opéré vraiment,
Et m'avez fait en tout instruire joliment!
Croit-on que je me flatte, et qu'enfin dans ma tête
Je ne juge pas bien que je suis une bête?
Moi-même j'en ai honte, et, dans l'âge où je suis,
Je ne veux plus passer pour sotte, si je puis.
ARNOLPHE.
Vous fuyez l'ignorance, et voulez, quoi qu'il coûte,
Apprendre du blondin quelque chose.
AGNÈS.
        Sans doute.
C'est de lui que je sais ce que je puis savoir,
Et beaucoup plus qu'à vous je pense lui devoir.
ARNOLPHE.
Je ne sais qui me tient qu'avec une gourmade
Ma main de ce discours ne venge la bravade.

L'École des Femmes.

J'enrage quand je vois sa piquante froideur,
Et quelques coups de poing satisferoient mon cœur.

AGNÈS.

Hélas! vous le pouvez, si cela peut vous faire.

ARNOLPHE.

Ce mot, et ce regard, désarme ma colère,
Et produit un retour de tendresse de cœur
Qui de son action m'efface la noirceur.
Chose étrange d'aimer, et que pour ces traîtresses
Les hommes soient sujets à de telles foiblesses!
Tout le monde connoît leur imperfection :
Ce n'est qu'extravagance et qu'indiscrétion;
Leur esprit est méchant, et leur âme fragile;
Il n'est rien de plus foible et de plus imbécile,
Rien de plus infidèle; et, malgré tout cela
Dans le monde on fait tout pour ces animaux-là.
Hé bien! faisons la paix; va, petite traîtresse,
Je te pardonne tout, et te rends ma tendresse.
Considère par là l'amour que j'ai pour toi,
Et, me voyant si bon, en revanche aime-moi.

AGNÈS.

Du meilleur de mon cœur je voudrois vous complaire.
Que me coûteroit-il, si je le pouvois faire?

ARNOLPHE.

Mon pauvre petit bec, tu le peux, si tu veux.

(Il fait un soupir.)

Écoute seulement ce soupir amoureux;
Vois ce regard mourant, contemple ma personne,
Et quitte ce morveux et l'amour qu'il te donne.

C'est quelque sort qu'il faut qu'il ait jeté sur toi,
Et tu seras cent fois plus heureuse avec moi.
Ta forte passion est d'être brave et leste :
Tu le seras toujours, va, je te le proteste.
Sans cesse nuit et jour je te caresserai,
Je te bouchonnerai, baiserai, mangerai,
Tout comme tu voudras tu pourras te conduire
Je ne m'explique point, et cela c'est tout dire.
  (*A part.*)
Jusqu'où la passion peut-elle faire aller?
  (*Haut.*)
Enfin, à mon amour rien ne peut s'égaler.
Quelle preuve veux-tu que je t'en donne, ingrate?
Me veux-tu voir pleurer? Veux-tu que je me batte?
Veux-tu que je m'arrache un côté de cheveux?
Veux-tu que je me tue? Oui, dis si tu le veux.
Je suis tout prêt, cruelle, à te prouver ma flamme.

AGNÈS.

Tenez, tous vos discours ne me touchent point l'âme.
Horace avec deux mots en feroit plus que vous.

ARNOLPHE.

Ah! c'est trop me braver, trop pousser mon courroux.
Je suivrai mon dessein, bête trop indocile,
Et vous dénicherez à l'instant de la ville.
Vous rebutez mes vœux, et me mettez à bout;
Mais un cul de couvent me vengera de tout.

SCÈNE V

ALAIN, ARNOLPHE.

ALAIN.
Je ne sais ce que c'est, Monsieur, mais il me semble
Qu'Agnès et le corps mort s'en sont allés ensemble.
ARNOLPHE.
La voici : dans ma chambre allez me la nicher.
Ce ne sera pas là qu'il la viendra chercher ;
Et puis c'est seulement pour une demi-heure.
Je vais, pour lui donner une sûre demeure,
Trouver une voiture. Enfermez-vous des mieux,
Et surtout gardez-vous de la quitter des yeux.
Peut-être que son âme, étant dépaysée,
Pourra de cet amour être désabusée.

SCÈNE VI

HORACE, ARNOLPHE.

HORACE.
Ah! je viens vous trouver accablé de douleur.
Le Ciel, Seigneur Arnolphe, a conclu mon malheur ;
Et, par un trait fatal d'une injustice extrême,
On me veut arracher de la beauté que j'aime.

Pour arriver ici mon père a pris le frais;
J'ai trouvé qu'il mettoit pied à terre ici près,
Et la cause, en un mot, d'une telle venue,
Qui, comme je disois, ne m'étoit pas connue,
C'est qu'il m'a marié sans m'en récrire rien,
Et qu'il vient en ces lieux célébrer ce lien.
Jugez, en prenant part à mon inquiétude,
S'il pouvoit m'arriver un contretemps plus rude.
Cet Enrique, dont hier je m'informois à vous,
Cause tout le malheur dont je ressens les coups :
Il vient avec mon père achever ma ruine,
Et c'est sa fille unique à qui l'on me destine.
J'ai dès leurs premiers mots pensé m'évanouir,
Et d'abord, sans vouloir plus longtemps les ouïr,
Mon père ayant parlé de vous rendre visite,
L'esprit plein de frayeur, je l'ai devancé vite.
De grâce, gardez-vous de lui rien découvrir
De mon engagement qui le pourroit aigrir,
Et tâchez, comme en vous il prend grande créance,
De le dissuader de cette autre alliance.

ARNOLPHE.

Oui-da.

HORACE.

Conseillez-lui de différer un peu,
Et rendez en ami ce service à mon feu.

ARNOLPHE.

Je n'y manquerai pas.

HORACE.

C'est en vous que j'espère.

ARNOLPHE.

Fort bien.

HORACE.

Et je vous tiens mon véritable père.
Dites-lui que mon âge... Ah ! je le vois venir.
Écoutez les raisons que je vous puis fournir.

(*Ils demeurent en un coin du théâtre.*)

SCÈNE VII

ENRIQUE, ORONTE, CHRYSALDE, HORACE, ARNOLPHE.

ENRIQUE, *à Chrysalde.*
Aussitôt qu'à mes yeux je vous ai vu paroître,
Quand on ne m'eût rien dit, j'aurois su vous connoître.
Je vous vois tous les traits de cette aimable sœur
Dont l'hymen autrefois m'avoit fait possesseur ;
Et je serois heureux si la Parque cruelle
M'eût laissé ramener cette épouse fidèle,
Pour jouir avec moi des sensibles douceurs
De revoir tous les siens après nos longs malheurs.
Mais, puisque du destin la fatale puissance
Nous prive pour jamais de sa chère présence,
Tâchons de nous résoudre, et de nous contenter
Du seul fruit amoureux qu'il m'en est pu rester.
Il vous touche de près, et, sans votre suffrage,
J'aurois tort de vouloir disposer de ce gage.

Le choix du fils d'Oronte est glorieux de soi,
Mais il faut que ce choix vous plaise comme à moi.
CHRYSALDE.
C'est de mon jugement avoir mauvaise estime
Que douter si j'approuve un choix si légitime.
ARNOLPHE, à Horace.
Oui, je vais vous servir de la bonne façon.
HORACE.
Gardez, encore un coup...
ARNOLPHE.
N'ayez aucun soupçon.

ORONTE, à Arnolphe.
Ah! que cette embrassade est pleine de tendresse!
ARNOLPHE.
Que je sens à vous voir une grande allégresse!
ORONTE.
Je suis ici venu...
ARNOLPHE.
Sans m'en faire récit,
Je sais ce qui vous mène.
ORONTE.
On vous l'a déjà dit?
ARNOLPHE.
Oui.
ORONTE.
Tant mieux.
ARNOLPHE.
Votre fils à cet hymen résiste,
Et son cœur prévenu n'y voit rien que de triste;

Il m'a même prié de vous en détourner.
Et moi, tout le conseil que je vous puis donner,
C'est de ne pas souffrir que ce nœud se diffère
Et de faire valoir l'autorité de père.
Il faut avec vigueur ranger les jeunes gens,
Et nous faisons contre eux à leur être indulgents.

HORACE.

Ah! traître!

CHRYSALDE.

Si son cœur a quelque répugnance,
Je tiens qu'on ne doit pas lui faire violence.
Mon frère, que je crois, sera de mon avis.

ARNOLPHE.

Quoi! se laissera-t-il gouverner par son fils?
Est-ce que vous voulez qu'un père ait la mollesse
De ne savoir pas faire obéir la jeunesse?
Il seroit beau, vraiment, qu'on le vît aujourd'hui
Prendre loi de qui doit la recevoir de lui.
Non, non, c'est mon intime, et sa gloire est la mienne;
Sa parole est donnée, il faut qu'il la maintienne,
Qu'il fasse voir ici de fermes sentiments,
Et force de son fils tous les attachements.

ORONTE.

C'est parler comme il faut, et, dans cette alliance,
C'est moi qui vous réponds de son obéissance.

CHRYSALDE, à Arnolphe.

Je suis surpris, pour moi, du grand empressement
Que vous me faites voir pour cet engagement,
Et ne puis deviner quel motif vous inspire...

ARNOLPHE.

Je sais ce que je fais, et dis ce qu'il faut dire.

ORONTE.

Oui, oui, Seigneur Arnolphe, il est...

CHRYSALDE.

Ce nom l'aigrit;
C'est monsieur de La Souche, on vous l'a déjà dit.

ARNOLPHE.

Il n'importe.

HORACE.

Qu'entends-je ?

ARNOLPHE, *se tournant vers Horace.*

Oui, c'est là le mystère,
Et vous pouvez juger ce que je devois faire.

HORACE.

En quel trouble...

SCÈNE VIII

GEORGETTE, ENRIQUE, ORONTE, CHRYSALDE, HORACE, ARNOLPHE.

GEORGETTE.

Monsieur, si vous n'êtes auprès,
Nous aurons de la peine à retenir Agnès :
Elle veut à tous coups s'échapper, et peut-être
Qu'elle se pourroit bien jeter par la fenêtre.

ARNOLPHE.

Faites-la-moi venir ; aussi bien de ce pas
Prétends-je l'emmener.
(A Horace.)
Ne vous en fâchez pas :
Un bonheur continu rendroit l'homme superbe,
Et chacun à son tour, comme dit le proverbe.

HORACE.

Quels maux peuvent, ô Ciel, égaler mes ennuis?
Et s'est-on jamais vu dans l'abîme où je suis?

ARNOLPHE, à Oronte.

Pressez vite le jour de la cérémonie;
J'y prends part, et déjà moi-même je m'en prie.

ORONTE.

C'est bien notre dessein.

SCÈNE IX

AGNÈS, ALAIN, GEORGETTE, ORONTE,
ENRIQUE, ARNOLPHE, HORACE,
CHRYSALDE.

ARNOLPHE.

Venez, belle, venez,
Qu'on ne sauroit tenir, et qui vous mutinez.
Voici votre galant, à qui pour récompense
Vous pouvez faire une humble et douce révérence.

Adieu. L'événement trompe un peu vos souhaits;
Mais tous les amoureux ne sont pas satisfaits.

AGNÈS.

Me laissez-vous, Horace, emmener de la sorte?

HORACE.

Je ne sais où j'en suis, tant ma douleur est forte.

ARNOLPHE.

Allons, causeuse, allons.

AGNÈS.

   Je veux rester ici.

ORONTE.

Dites-nous ce que c'est que ce mystère-ci.
Nous nous regardons tous sans le pouvoir comprendre.

ARNOLPHE.

Avec plus de loisir je pourrai vous l'apprendre.
Jusqu'au revoir.

ORONTE.

   Où donc prétendez-vous aller?
Vous ne nous parlez point comme il nous faut parler.

ARNOLPHE.

Je vous ai conseillé, malgré tout son murmure,
D'achever l'hyménée.

ORONTE.

   Oui; mais pour le conclure,
Si l'on vous a dit tout, ne vous a-t-on pas dit
Que vous avez chez vous celle dont il s'agit,
La fille qu'autrefois de l'aimable Angélique
Sous des liens secrets eut le seigneur Enrique?
Sur quoi votre discours étoit-il donc fondé?

CHRYSALDE.

Je m'étonnois aussi de voir son procédé.

ARNOLPHE.

Quoi?...

CHRYSALDE.

D'un hymen secret ma sœur eut une fille
Dont on cacha le sort à toute la famille.

ORONTE.

Et qui, sous de feints noms, pour ne rien découvrir,
Par son époux aux champs fut donnée à nourrir.

CHRYSALDE.

Et dans ce temps le sort, lui déclarant la guerre,
L'obligea de sortir de sa natale terre.

ORONTE.

Et d'aller essuyer mille périls divers
Dans ces lieux séparés de nous par tant de mers.

CHRYSALDE.

Où ses soins ont gagné ce que dans sa patrie
Avoient pu lui ravir l'imposture et l'envie.

ORONTE.

Et, de retour en France, il a cherché d'abord
Celle à qui de sa fille il confia le sort.

CHRYSALDE.

Et cette paysanne a dit avec franchise
Qu'en vos mains à quatre ans elle l'avoit remise.

ORONTE.

Et qu'elle l'avoit fait, sur votre charité,
Par un accablement d'extrême pauvreté.

CHRYSALDE.

Et lui, plein de transport et l'allégresse en l'âme,
A fait jusqu'en ces lieux conduire cette femme.

ORONTE.

Et vous allez enfin la voir venir ici
Pour rendre aux yeux de tous ce mystère éclairci.

CHRYSALDE.

Je devine à peu près quel est votre supplice;
Mais le sort en cela ne vous est que propice.
Si n'être point cocu vous semble un si grand bien,
Ne vous point marier en est le vrai moyen.

ARNOLPHE, *s'en allant tout transporté
et ne pouvant parler.*

Oh!

ORONTE.

D'où vient qu'il s'enfuit sans rien dire?

HORACE.

Ah! mon père,
Vous saurez pleinement ce surprenant mystère.
Le hasard en ces lieux avoit exécuté
Ce que votre sagesse avoit prémédité.
J'étois, par les doux nœuds d'une ardeur mutuelle,
Engagé de parole avecque cette belle;
Et c'est elle, en un mot, que vous venez chercher,
Et pour qui mon refus a pensé vous fâcher.

ENRIQUE.

Je n'en ai point douté d'abord que je l'ai vue,
Et mon âme depuis n'a cessé d'être émue.
Ah! ma fille, je cède à des transports si doux.

CHRYSALDE.

J'en ferois de bon cœur, mon frère, autant que vous,
Mais ces lieux et cela ne s'accommodent guères.
Allons dans la maison débrouiller ces mystères,
Payer à notre ami ses soins officieux,
Et rendre grâce au Ciel, qui fait tout pour le mieux.

NOTES

P. 4, l. 8. « Je ne sais point le *biais*. » C'est une expression favorite de Molière; il l'a employée jusqu'à quatre fois dans les cinq actes de *l'Étourdi*. Le mot *biais* au propre signifie ligne oblique ou diagonale, et, par extension, expédient ou moyen détourné. On ne cite le présent exemple que pour signaler la singulière erreur commise par Génin (*Lexique de la langue de Molière*), et, à sa suite, par le Dictionnaire de Littré, qui l'attribuent à l'épître dédicatoire de *la Critique de l'École des Femmes*. C'est bien à *l'École des Femmes* elle-même que s'applique la dédicace à Madame (Henriette d'Angleterre, duchesse d'Orléans); *la Critique* était dédiée à la reine mère (Anne d'Autriche).

7, 9. « Terminer la chose *dans demain*. » Cette forme, inusitée aujourd'hui, n'en est pas moins correcte, puisque *demain* (en latin *de mane*, du matin) signifie la journée de demain. *Dans demain* signifie donc très exactement « dans la journée de demain ». Le *de* répété devant *demain* est aussi bizarre que *le* devant lendemain, ce qui revient à dire *le le en demain*; mais ces singularités sont consacrées par un long usage. La déclinaison du mot *demain* signifiant le jour d'ensuite est attestée par de nombreux exemples. Il suffit d'en alléguer quelques-uns, dont le plus ancien date du XIIe siècle. — « De rechief *au* demain truverent Dagon à terre. » (*Livre des Rois*.)

> *Là se logerent li chevalier vaillant,*
> *Desqu'au demain à l'aube apparissant.*
>
> Raoul de Créqui, 5o.

> *Dieu lui doint mal demain...*
>
> Berte, LXXIII.

« Et quant che vint *au* demain que li solaus levé fut. » (H. de Valenciennes, II.) — « Un *autre* demain. » (*Contes de Desperriers*, LXII.)

> *Et vois-tu quelque certitude*
> *D'arriver jusques en demain.*
>
> Corneille, *Imit.*, I, 23.

10, 28. « Qui ne lui sert *de* guères. » On a pu remarquer déjà combien la préposition *de* abondait et surabondait chez les écrivains des XVIe et XVIIe siècles. C'est ainsi qu'on lit dans Calvin (*Institut.*, 199) : « Tout cela ne nous profite *de* guères » ; dans Amyot (*Camille*, 44) : « Ni *de* guères pesans » ; dans Castelnau (157) : « Ils jugèrent bien qu'en peu de temps le secours de la mer ne leur serviroit *de* guères » ; et dans *le Prince*, de Balzac (deuxième lettre du livre V) : « Et ne s'en faut *de* guères que je ne réclame. »

11, 7. « Se *purger* de sa munificence. » Le sens primitif de ce verbe est adéquat à « *purifier* », d'où, par extension, justifier. — « Sa vertu avoit été obsédée du désir de se *purger* du reproche qu'il avoit encouru. » (Montaigne, I, 263.)

> *Purge-toi d'un forfait si honteux et si bas.*
>
> Corneille, *Nicomède*, acte IV, sc. II.

— 13. « Puis-je pas de nos *sots*. » Le mot *sot* se retrouve souvent dans la langue de Molière avec ses nuances diverses. Le vers (12, 27) :

> *Épouser une sotte est pour n'être point sot,*

met en présence deux acceptions de l'adjectif *sot*, très dif-

NOTES 113

férentes entre elles, mais également usitées dans l'ancienne langue. *Sot* et *sotte*, au propre, signifient dépourvu de jugement ; *sot*, par dérivation, est l'expression décente pour qualifier le mari trompé.

Se croyoit aussi sot qu'il méritoit de l'être.
   Montfleury, *la Femme juge et partie*, acte I, sc. I.

Il veut à toute force être au nombre des sots.
    La Fontaine, *la Coupe enchantée.*

12, 17. « Bien *huppé* qui pourra. » *Huppé* signifie en cet exemple malin, fort ou considérable par le rang ou la situation sociale.

Il trouve à se fourrer parmi les plus huppés.
   Hauteroche, *les Bourgeois de qualité*, acte II, sc. IV.

Combien en ai-je vu, je dis des plus huppés.
    Racine, *les Plaideurs*, acte I, sc. IV.

12, 27, et 14, 13. *Sotte* et *sot*. (V. ci-dessus la note 11, 13.)

14, 14. Le verbe *patrociner* reproduit le latin *patrocinari*, protéger, défendre au point de vue juridique comme fait l'avocat, et par conséquent plaider. Usité en ce sens dès le XIVe siècle. « Comme Guillaume Ferrecoq reparast à la court espirituel de l'evesque de Meaux, et y *patrocinast* et fist fait de procureur. » (Du Cange, *Patrocinari*.)

15, 1. *Paysanne* de trois syllabes, quoiqu'on le retrouve de quatre dans la même pièce (108, 24). Molière donne trois syllabes à *paysan* à la p. 17, l. 1, tandis que le mot n'en a que deux dans ce vers de Régnier (*Sat.* XV) :

Que le paysan recueille, emplissant à milliers
Greniers, granges, chartis, et caves, et celliers.

— 18. « C'est pour vous rendre instruit », au lieu de « pour vous instruire », forme déjà signalée.

17, 4. « *Et de monsieur de l'Isle en prit le nom pompeux.* » Thomas Corneille, frère puîné de l'auteur du *Cid*,

L'École des Femmes.

prenait dans les actes authentiques les titres de « écuyer, sieur de l'Isle ». On a voulu voir dans le vers précité de *l'École des Femmes* une allusion blessante qui auroit déterminé le grand Corneille à s'associer aux basses attaques dirigées contre Molière par les détracteurs de *l'École des Femmes*. Rien n'est moins prouvé, ni moins probable. De 1659 jusqu'à 1667, les tragédies de Corneille alimentèrent le répertoire du théâtre de Molière, et j'en donne le relevé d'après le registre de La Grange : *Héraclius, Rodogune, Cinna, le Menteur, la Mort de Pompée, le Cid, Horace, Nicomède* et *Sertorius*. Le même théâtre donna le 4 mars 1667 la première représentation d'*Attila,* que Molière et ses camarades payèrent à Pierre Corneille 2,000 livres « prix fait ». Enfin, nous retrouvons bientôt ces deux grands hommes associés pour écrire *Psyché* en collaboration. Il est très difficile d'apercevoir en tout cela la plus faible trace de mauvais procédés réciproques ni d'une brouille qui en eût été l'inévitable conséquence.

19, 28. *Strodagème.* Barbarisme bien excusable chez un paysan, car le mot *stratagème* était tout nouveau dans la langue et ne remontait pas plus haut que le XVIe siècle.

22, 4. « *Oui, je meure.* » Que *je meure* si cela n'est pas vrai! Sur cette locution, voir la note 7-8, p. 112, de notre édition du *Dépit amoureux.*

26, 25. *Féru,* participe passé du verbe *férir,* frapper, blesser.

> *De ces beaux yeux me vint sans défiance*
> *Férir au cœur...*
>   Couci, XVI.

> *Car d'aucun bien je ne fus secouru*
> *De celle-là, pour qui j'étois féru.*
>   Marot, I, 160.

— 26. « Vous est-il point arrivé de *fortune* », c'est-à-dire d'aventure galante. « Moreau avoit été galant; il eut des *fortunes* distinguées... que sa figure et sa discrétion lui procurèrent. » (Saint-Simon, 189, 20.)

27, 20. « En bonne *posture*. » Molière s'en est servi deux fois dans *les Fâcheux*; en bonne *position*. « La cour d'Égypte, où il étoit en assez *bonne posture*. » (Corneille, examen de *Rodogune*.) Cette expression, employée à la tribune par un ministre de ce temps-ci, a été huée par quantité de députés peu familiers avec la littérature classique.

— 25. Les murs *rougis*, c'est-à-dire peints en *rouge*. Cette coloration de la maison où loge Agnès semble chez Molière un souvenir des contrées du sud-est, qu'il avait longtemps habitées. A Lyon, surtout, et le long des bords de la Saône, on voit encore quantité de maisons badigeonnées en rouge, en rose, en vert clair, en jaune pâle, etc.

28, 20 et 22. *Connoi* rime ici avec *quoi*, ce qui ne se fait qu'en violant l'usage avec le premier de ces mots ou avec le second. Vaugelas prescrit en ses *Remarques* de prononcer *quoâ* (p. 79) et *connaître* (p. 80), mais il nous apprend qu'en l'usage de Palais, on prononce toujours la diphtongue *oi* à pleine bouche; c'est ce qui donne une vérité comique à ce vers des *Plaideurs* de Racine :

Comment ! c'est un exploât que ma fille lisoât ?

32, 18. « Tant je suis *prévenu* », c'est-à-dire préoccupé; c'est un latinisme avec passage d'un sens à un autre. Voir Forcellini sous *prevenire*, et les synonymes de *prévention* (au possessoire) avec occupation et obsession.

33, 5. « Le cœur me *faut*. » Troisième personne de l'indicatif présent singulier du verbe *faillir*, qui se conjugue ainsi : Je *faus*, tu *faus*, il ou elle *faut*; nous *faillons*, vous *faillez*, ils *faillent*.

    Supplice qui jamais ne faut
    Aux desirs qui volent trop haut.
                                MALHERBE, V, 18.

Même conjugaison pour le verbe *défaillir*. « Tout le corps

tombe en *défaillance*, l'âme *défaut* en même temps. » (Bossuet, *Conn. de Dieu*, p. 115.)

34, 25. « Et voudrois le *charger.* » On a dit d'abord *charger* de coups, *charger* de flèches. « Et nous *chargerent* les Sarrazins tous de pyles (flèches) qu'ils tiroient au travers du fleuve. » (Joinville, 223.) — Puis, *charger sur.* « Et *chargèrent* sur nos archers et ceux qui les conduisoient. » (Comines, I, 2.) — Et enfin *charger* au sens direct sans préposition, au sens moderne et absolu de *charger*, aborder l'ennemi de front et avec violence.

35, 25. « Un certain Grec. » C'était le philosophe Athénodore, de la secte stoïcienne, qui fut le précepteur de l'empereur Claude.

39, 11. Le premier vers du discours que la vieille tient à Agnès :

Mon enfant, le bon Dieu puisse-t-il vous bénir,

reproduit presque mot pour mot le discours de Macette (Régnier, XIIIe *Satire*) :

Ma fille, Dieu vous garde et vous veuille bénir.

On peut comparer la suite des deux morceaux.

40, 9. « Que le *bien* de vous voir. » (Voir la note 22-20, p. 76, de notre édition de *l'École des Maris.*)

41, 3. Un *petit* pour un *peu.* Les deux mots coexistaient dès les plus hautes origines de la langue :

A bien petit que il ne perd le sens.
                    CHANSON DE ROLAND, XXII.

Et ne m'estoit de toute ma richesse
Rien demeuré qu'un petit de jeunesse.
                    DU BELLAY, VII, 60.

44, 8. « Je veux bien qu'on *m'affronte* », c'est-à-dire qu'on me fasse *affront*.

> *A votre avis, le Mogol est-il homme*
> *Que l'on osât de la sorte* affronter?
>
> La Fontaine, *la Mandragore.*

47, 19. Un *grès*, c'est-à-dire un morceau de grès, un caillou. « Monsieur le prince dit qu'il n'étoit pas assez brave pour s'exposer à une guerre qui se feroit à coups de *grès* et de tisons. » (La Rochefoucauld, *Mémoires*, I, 57.)

49, 15 et 16. Cette énumération d'ajustements à la mode, canons, rubans, plumes et grands cheveux, est muette sur le chapitre des chapeaux. On y peut suppléer avec un passage de *Zélinde* (sc. IX), où l'on plaisante un bourgeois de Paris nommé Cléronte parce qu'il est coiffé d'un chapeau pointu. « Il est vrai, ajoute la belle Oriane, que la mode des chapeaux ronds est si bien establie que ceux qui n'en ont point sont présentement remarqués de tout le monde. » Ceci nous donne à peu près la date de 1662 pour les chapeaux ronds, semblables à ceux des porteurs de blé, tandis que les anciens chapeaux sont définis « des pains de sucre noirs ».

50, 25. *Carfour* pour *carrefour*. L'étymologie étant *quadrifurcus*, c'est-à-dire à quatre fourches, donne plus régulièrement *quartfour* que *carrefour*. Ainsi le trouvons-nous au XIIIᵉ siècle dans la *Cronique de Raims*, 107 : « Et crioit à cascun *quartfour* des rues. »

51, 27. *Libertine* au sens ancien du mot, qui hait la contrainte, qui suit son inclination. (Bouhours, *Remarques nouvelles sur la langue française*, 1675, p. 395.)

53, 4. « *Fuit* d'être coquette », pour : évite d'être coquette. C'est un latinisme :

> *Quanquam animus meminisse horret, luctuque* refugit.
>
> Æneid., II.

« J'ai plustôt *fui* qu'autrement d'enjamber par dessus le degré de fortune auquel Dieu logea ma naissance. » (Montaigne, III, 7.)

> *Et, bornant ses désirs à ces dons éternels,*
> *Fuir d'être connu des mortels.*
>
> P. CORNEILLE, *Imitation*, I, 83.

« La véritable vertu ne *fuit* pas toujours de se laisser voir. » (Bossuet, *Sermon sur l'honneur*.)

56, 24. *Gauchir* signifie proprement dévier ; le sens de s'infléchir à sénestre étant relativement moderne. « Donner à travers les écueils pour avoir l'honneur de ne point *gauchir*. » (Balzac, *de la Cour*, 8e dissertation.) — « Ce sont des astres errants, qui... *gauchissent* et se détournent au gré des vanités... » (Bossuet, *Oraison funèbre de N. Cornet*.)

— 25. « Ne fait là que *blanchir*. » (Voir sur cette locution la note 109, 26, de notre édition du *Dépit amoureux*, p. 120.)

58, 8. « *Mettons* donc sans façons. » *Mettons* nos chapeaux, couvrons-nous.

— 13. *Dans* pour *en* ou pour *à*. Forme très usitée au XVIIe siècle et qui revient à chaque instant sous la plume de Molière.

> *Je m'approche toutefois,*
> *De l'enfant je prends les doigts,*
> *Les réchauffe, et dans moi-même*
> *Je dis...*
>
> LA FONTAINE, *l'Amour mouillé*.

61, 9-19. Ces vers contiennent toute l'explication du titre de *l'École des Femmes*.

62, 12. *Gendarmé*, participe du verbe formé sur le mot *gendarme*, ne remonte pas plus haut que le XVIe siècle époque où le mot originaire *gent* et *gens d'armes* se contracte en *gendarme*, engendrant aussitôt *gendarmer* et *gendarmerie*. « Pour se vouloir eslever et *gendarmer* de ce savoir qui nage en la superficie de leur cervelle. » (Montaigne, I, 146.)

63, 33. « C'est que je *tousse*. » Devenu proverbial, avec une acception légèrement différente.

64, 24. « Se servir *à la pareille*. » De la même manière.

Qu'un chacun doucement s'excuse à la pareille.
RÉGNIER, Satire XV.

Trompeurs, c'est pour vous que j'écris,
Attendez-vous à la pareille.
LA FONTAINE, Fables, I, 18.

« Je prends quelquefois la liberté de me moquer de vous ; il faut m'en excuser *à la pareille*. » (Mme de Sévigné, *Lettre du 10 juillet 1680*.)

— 29. « Certaine vieille *en main*. » A ma disposition.

Il me faudroit en main *avoir un autre amant*.
P. CORNEILLE, le Menteur, II, 2.

« Il vous ordonne de tenir prêt tout ce que vous aurez *en main*. » (Bossuet, *Lettres à madame Albert de Luynes*, 4.)

65, 4. « *Ouvrir quelque moyen*. » Suggérer.

Le Ciel m'est plus propice et m'en ouvre un moyen.
CORNEILLE, Suréna, acte III, sc. II.

« *Le moyen que je vous ouvre* est sans doute plus honnête. » (Pascal, *Condition des grands*, III.)

— 17. « *Empaumé* son esprit. » *Empaumer*, au propre, signifie saisir la balle au bond dans la *paume* de la main. Molière avait déjà parlé dans *les Fâcheux* des chiens de chasse qui *empaument* la voie. « L'autre fils de Turenne, d'un esprit foible, qu'on envoya à Rome, que les jésuites *empaumèrent.* » (Saint-Simon, t. XXI, p. 249.)

68, 9. « La *mitonner.* » Même sens que *mijoter*, préparer doucement et lentement. « Je vous trouve bien dorlottée et bien *mitonnée.* » (Mme de Sévigné, 401.) — « Je cache ma joie, je la *mitonne.* » (*Id.*, 8 août 1685.)

> *La comtesse a pris soin d'amasser des écus,*
> *Il faut la* mitonner...
>
> TH. CORNEILLE, *Comtesse d'Orgueil*, acte IV, sc. v.

72, 15. « Jouer *d'un* mauvais tour », forme concurrente de *jouer un tour.*

> *Mais assemblons tous les rats d'alentour,*
> *Je lui pourrai jouer* d'un *mauvais tour.*
>
> LA FONTAINE, *Fables*, XII, 25.

> *La fortune m'a bien joué* d'un *autre tour.*
>
> REGNARD, *Démocrite*, acte III, sc. II.

« Le tripot m'a joué *d'un* mauvais tour. » (Voltaire, *Lettre* du 1er février 1773.)

76, 13. « Dans un tel *accessoire* », pour circonstance, embarras, accident. F. Génin, dans son *Lexique de la langue de Molière*, qualifie le mot *accessoire* de « mot impropre, suggéré par le besoin de rimer » ; il y voit une simple cheville. C'est une erreur assez inattendue chez un homme aussi réellement versé que l'était F. Génin dans la connaissance du vieux français. Voici quelques exemples qui absolvent Molière et condamnent Génin à lui faire amende honorable. « Détestant et mauldissant Neoptolemus, par lequel il avoit esté réduit à si piteux *accessoire.* » (Amyot, *Eumène*, 14.) — « Ils fussent venus boire nostre vin jusqu'à nos portes et nous eussent mis en merveilleux *accessoire.* » (*Satire Ménippée*, 131.) — « Cette proposition, pour avoir esté iniquement interprétée, le mit autrefois et très longtemps en grand *accessoire* à l'inquisition de Rome. » (Montaigne, I, 161.)

76, 23. *Becque cornu.* C'est la véritable orthographe ; le mot *becque* représente ici l'italien *becco,* le bouc, une bête à cornes, et n'a rien de commun que le son avec le *bec,* mot gaulois qui représente le *rostrum* latin.

78, 23 et 24. La rime d'*exploit* avec *croit* ne présente pas d'embarras analogue à celui de la rime *connoi* avec *quoi* (ci-dessus 28, 20 et 22); Vaugelas (p. 79) marque positivement que *croit* se prononce *crait;* or, la prononciation ancienne d'*exploit* est *explet,* conformément à son étymologie *expletum.* Le vieux français écrivait *espleit.*

Pour le cheval, laisser courre à espleit.
CHANSON DE ROLAND, CCLIX.

84, 16. « Vous me *chargiez* ce traître. » (Voir la note 34, 25.)

86, 17. « Le jour *s'en va* paraître. » Molière emploie ici le verbe *en aller,* qui est fort ancien et demeuré populaire. « A tant Samuel *s'enturnad* et en Gabaa Benjamin *s'enalad,* et li altre *enalerent* od Saul. » (*Livre des Rois,* p. 44.)

89, 7. *Commise* pour confiée.

...Un voleur se hasarde
D'enlever le dépôt commis aux soins du garde.
LA FONTAINE, *la Matrone d'Éphèse.*

94, 3. *Cajole,* absolument :

Et je m'assure ainsi tellement en sa foi
Que, bien que tout le jour il cajole avec moi...
P. CORNEILLE, *la Suivante,* acte II, sc. VIII.

— 14. « Pourquoi *me* criez-vous? » *Crier quelqu'un* est un provincialisme usité dans le nord-ouest de la France.

97, 4. Le *double* était une petite monnaie de cuivre de la valeur de deux deniers, les deux tiers d'un liard.

NOTES

99, 26. *Cul* de couvent, comme *cul* de basse-fosse, *cul* de sac et *cul* de four, qui indiquent un lieu fermé et infranchissable.

101, 1. « Mon père a pris *le frais.* » Il a voyagé la nuit.

108, 24. *Paysanne* est ici de quatre syllabes. (Voir plus haut la note 15, 1.)

A PARIS

DES PRESSES DE D. JOUAUST

Rue de Lille, 7

www.ingramcontent.com/pod-product-compliance
Lightning Source LLC
Chambersburg PA
CBHW060141100426
42744CB00007B/859